当代大学生创新创业人才培养探究

邓润生　著

黄河出版传媒集团
宁夏人民出版社

图书在版编目（CIP）数据

当代大学生创新创业人才培养探究 / 邓润生著. --
银川：宁夏人民出版社，2021.11
ISBN 978-7-227-07539-4

Ⅰ. ①当… Ⅱ. ①邓… Ⅲ. ①高等学校－人才培养－
研究－中国 Ⅳ. ①G649.2

中国版本图书馆 CIP 数据核字（2021）第 240891 号

当代大学生创新创业人才培养探究 邓润生 著

责任编辑 赵学佳
责任校对 闫金萍
封面设计 高 婷
责任印制 宋 华

黄河出版传媒集团
宁夏人民出版社 出版发行

出 版 人 薛文斌
地 址 宁夏银川市北京东路 139 号出版大厦（750001）
网 址 http://www.yrpubm.com
网上书店 http://www.hh-book.com
电子信箱 nxrmcbs@126.com
邮购电话 0951-5052104 5052106
经 销 全国新华书店
印刷装订 北京厚诚则铭印刷科技有限公司
印刷委托书号 （宁）0022319

开 本 787 mm×1092 mm 1/16
印 张 11.25
字 数 215 千字
版 次 2023 年 1 月第 1 版
印 次 2023 年 1 月第 1 次印刷
书 号 ISBN 978-7-227-07539-4
定 价 38.00 元

前 言

当今时代，创新驱动日益成为经济社会发展的主要动力之一，国家的综合国力愈发依赖创新型人才。创新创业教育是随着知识经济时代的发展而产生的一种新的教育思想，与时代精神相吻合，与经济社会发展相适应，是高校服务创新型国家建设的需要，也是深化高等教育改革、培养学生创新精神和实践能力的重要途径，有利于促进以创业带动就业，提升高校毕业生的就业率。本书顺应时代发展的形势，以我国的国情和当代大学生的具体情况为基础，根据大学生创新创业人才培养活动的基本过程和规律，系统阐释了当代大学生创新创业人才培养的相关理论与实践要点。

创新创业教育是创新教育与创业教育发展融合之后的成果。创新创业教育以培养具有创业基本素质的人才为目标，其本质是一种实用教育。面向大学生群体开展的创新创业教育，致力于将大学生培养成为国家创新驱动发展的生力军，并培养大学生的社会责任感和勇于进取的精神。创新创业教育在全球已有广泛的影响，纵观国内外大学生创新创业人才培养的现状可知，我国的创新创业教育起步晚，存在着发展缓慢、体系不健全、教育水平落后、理论与实践脱节等问题。为了提高我国当代大学生创新创业人才培养的质量，需要深化对创新创业人才培养的科学理论研究，找准创新创业人才培养的目标与策略，解答高校教育“培养什么样的人”和“如何培养人”这两个根本问题。

要提高当代大学生的创新创业能力，需要做好以下几点。首先，要形成良好的创新创业教育氛围，构建全方位的创新创业教育培育体系，即创新创业课程体系、创新创业实践平台、创新创业师资队伍和创新创业质量保障体系。其次，在大学生创新创业的具体实践中，要注重对大学生创新思维、创新能力和实践能力的培养。大学生创业实践者需要具备识别与把握机会的能力、组建团队的能力、防范与管理风险的能力和创办新企业的能力。最后，高校要根据具体情况制定符合本校发展需要的创新创业人才培养的创新模式，科学评价学生创新创业的成果。

本书的撰写致力于以新观点和新思路来应对我国当代大学生创新创业人才培养中的问题，旨在优化高校创新创业人才的培养模式，提升人才培养的质量。目前，我国大学生创新创业人才培养研究的时间还比较短，还有诸多难题有待专家和学者们深入探讨。本书在撰写过程中参考和引用了国内外学者的一些理论，在此一并表示由衷的感谢。本书中的不足之处，还望广大读者批评指正。

目 录

绪 论

新时代，大学生是最具创新创业潜力的群体之一，将大学生培养成为具备创新思维、拥有创业精神和创新创业能力的新型人才，已成为当代大学教育的重要使命。由此，创新创业教育成为各个大学关注的热议话题，成为高等教育适应国家发展战略需要和经济社会需求的一种新型教育模式。高校教育推动创新创业教育的发展可以借助创新与创业之间的联动，构建功能完善、持续发展的创新创业体系，促进创新创业教育的实施，提高新时代背景下的人才水平。

第一节　创新教育与创业教育

一、创新教育

（一）创新教育概述

创新既有革新、创新之意，也指新观念、新方法、新发明，它的立足点在于“新”，是一种通过改造现实来满足时代需求的创造，具有时代的特征。

实施创新教育就是要从培养创新精神入手，以提高创新能力为核心，带动学生整体素质的自主构建和协调发展。创新精神和能力不是天生的，它虽然受遗传因素的影响，但主要还在于后天的培养和教育。由此可见，创新教育的过程，不是受教育者消极被动地被塑造的过程，而是充分发挥其主体性、主动性，不断认识、追求、探索和完善自身的过程，也就是培养受教育者独立学习、大胆探索、勇于创新等能力的过程。因此，在教学过程中要致力于培养学生的创新意识、创新能力和实践能力。

（二）创新的含义、特征与类型

1. 创新的含义

“创新”一词最早出现在拉丁语中，它包含三个方面的含义，即革新、创造新事物、更改。首次对创新作出概念界定的是奥地利经济学家约瑟夫·熊彼特（Schumpeter）。他在其代表作《经济发展理论》一书中认为，创新就是把一种从来没有过的关于“生产要素的新组合”引入生产体系，目的是获得潜在的利润。

创新的最初含义主要以技术创新为主，是指创造新技术并把它引入产品、工艺或商业系统之中，或者是创造全新的产品和工艺，包括对现有产品和工艺进行重大技术改进，并使产品被引入市场（产品创新）或使生产工艺得到应用（工艺创新）。

之后，不同的学者对创新下过不同的定义。美国著名经济学家曼斯菲尔德（Mansfield Edwin）认为：“一项发明，当它首次被应用时，可以称之为技术创新。”美国加州大学伯克利分校哈斯商学院教授亨利·切萨布鲁夫（Henry

Chesbrough）认为：“创新意味着进行发明创造，然后将其市场化。”[①]

我国对于技术创新的定义相对较为系统，即企业应用创新的知识和新技术、新工艺，采用新的生产方式和经营管理模式，提高产品质量，开发和生产新的产品，提供新的服务，进入市场并实现市场价值。

综上可知，创新其实就是指依据现有的思维模式提出有别于常规或常人思路的见解，利用现有的知识和物质，在特定的环境中本着理想化需要或满足社会需求的原则，进而创造新的事物、方法、元素、路径和环境等，并能获得一定的商业效益或者社会效益的活动。

2. 创新的特征

由于学者们是从不同的角度来理解创新的，所以有关创新基本特征的理解也存在差异。以下将从六个方面来论述创新的特征。

（1）目的性

任何创新活动都有一定的目的，这个特征贯彻创新过程的始终。创新总是为了解决某一问题而进行的，所以它总是与某个任务相关联。也就是说，创新是一种有目的的认识世界和改造世界的实践活动。

（2）变革性

创新是对已有事物的改变，是一种深刻的变革。穷则变，变则通，通则久。这个由“变”到“通”的过程，就是创新的过程。故步自封就没有创新。

（3）新颖性

新颖是创新的灵魂。创新的整个过程其实就是将新的知识或重新组合的知识引入研究对象的过程。创新也是创造新概念、引入新思想和新方法的过程。由此可见，创新的结果必然是新颖的。

（4）超前性

创新以新颖为灵魂，这也就意味着创新的事物与既有的旧事物不同，是崭新的、具有超前性的事物，而且这种超前是基于现实已有情况的超前。

（5）价值性

从创新的效果来看，创新有明显的、具体的价值，能对经济社会产生一定的效益。创新是各种社会事物进步与发展的共同因素，不仅可以在一定程度上满足人们的某些需求，还能推动企业发展并取得成功，从而进一步增强国家经济活力，加快社会发展。如果创新对人类社会发展没有价值，创新也就失去了意义。

① 邓文，张明洁．大学生创新创业实用教程［M］．武汉：华中科技大学出版社，2018：2.

创新成果的价值主要体现在社会价值、经济价值和学术价值等方面。

（6）发展性

创新的发展性主要体现在创造新知识和在应用知识的过程中不断发现新知识。创新是一个不断发展的过程，而知识是实施创新的源头，在创新知识的条件下，可以促进生产力创新、文化创新、经济创新等。如果知识得不到及时的更新，创新的源泉就会枯竭。

3. 创新的类型

根据社会已发展成熟的创新范式及其类型和内容，可以把创新分为产品创新、过程创新、商业模式创新和服务创新。

（1）产品创新

传统意义上认为，产品仅仅包括有形的、物理的物品。但近年来，随着第三产业的发展，服务行业（如保险、金融、通信、咨询等）的公司也开始把它们提供的服务业务称为产品。所以，打破传统行业边界后，越来越多的产品制造商开始围绕产品向顾客提供服务。尽管服务业和制造业都习惯将自己提供的内容称作产品，但其实两者之间还是存在一定的差别。最关键的差别就是服务型公司提供的内容是无形的服务，而制造业提供的产品则是有形的。例如，旅游服务是无形的，而一套衣服是有形的。

服务型产品的生产和消费是同时进行的，它的配送需要人的高度参与，如医疗和美容，就无法通过申请专利等法律手段来抵制模仿行为。因此，产品创新是指创造能够满足客户需要或能够解决顾客问题的新产品。例如，手机制造厂商推出新款手机、银行推出新金融业务等都属于产品创新。产品创新是一个全过程的概念，包括新产品的研究开发过程，也包括新产品的商业化推广过程。

（2）过程创新

过程创新也称为工艺创新，是指把一种新的生产方式或流程引入生产体系，包括新工艺、新装备和新的生产管理方式的应用。

以制造业为例，过程创新就是利用新技术手段、制造方法，采用新工艺、新方式来获得成本、产品质量、配送速度、制作周期等方面的优势，或者提高产品服务水平和大规模定制私人产品。例如，在生产洗衣机时采用新钢板材料，或者将洗衣机的生产线设备从传统机床更换为数控机床，从而降低成本，提高生产效率，这就是过程创新的范例。

产品创新是为了提高产品设计和功能的独特性，过程创新则不同，是为了提高生产效率，减少生产时间、生产成本的损耗等。过程创新旨在增加企业盈利、提高生产力和提高员工的工作满意度。企业通过过程创新可以为客户提供完善的前台服务，并增加新型服务，也就是客户看得见的新产品。

（3）商业模式创新

商业模式创新是指对目前行业内通用的客户创造价值的方式提出挑战，力求满足客户不断变化的需求，为客户提供更多的价值，为企业开拓新的市场，吸引新的客户群。商业模式创新的特点包含以下三个方面。

第一，商业模式创新更注重从客户角度出发，从根本上思考商业行为设计，视角更加外向开放，更加注重与商业相关的经济因素。商业模式创新的目的是从根本上为客户创造更多的附加值，从而吸引更多的客户。因此，其出发点在于满足客户需求。商业模式创新不仅涉及技术，还与经济价值和经济可行性有关。

第二，商业模式创新是全面变革的结果，它往往需要一些商业模式要素在某些情况下同时发生很大变化，这就需要关注企业内部较大规模的组织重构。商业模式创新往往伴随产品、流程和组织创新，缺少其中一种都有可能无法构成商业模式创新。如果只开发新产品或新的生产技术，那只是技术创新。技术创新从传统意义来讲只是用在有形的产品上，但在以服务为导向的时代，服务在产品中所占的地位越来越重要。因此，商业模式的创新也应适用于服务创新，表现为服务内容、服务方式等方面的创新性变化。

第三，从业务创新的表现来看，提供全新产品或服务的商业模式创新可能会开创一个营利行业的全新世界，即使仅提供现有产品或服务，也能为现有企业提供更持久的盈利能力和更大的竞争优势。传统创新可提高企业内部效率，降低企业的成本，但创新的成果很容易在较短时间内被其他企业模仿；而商业模式创新因为更系统、更基础，涉及多元素同时变化，所以很难被竞争对手模仿。

（4）服务创新

服务业的迅猛发展是现代经济发展的一个突出特征，服务业在国民经济中的地位也越来越重要。从世界经济的角度来看，服务业现已成为世界经济发展的核心和经济全球化的推动力之一。越来越多的企业和服务行业开始进行服务创新，以提高生产和服务产品的质量，降低企业的成本，提高企业的竞争力。

服务创新是企业为提高服务质量和创造新的市场价值而产生的。服务创新来源于技术创新，两者之间有着紧密的联系。但由于服务业的特殊性，服务业的创新与制造业的创新还是有所区别。

根据服务创新的具体内容，可以把服务创新分为服务产品创新、服务过程创新、服务管理与操作创新、服务技术创新和服务范式创新。

（三）创新意识的激发

1. 创新意识的概念

创新意识是指根据社会和个人生活发展的需要，在创作活动中表达人的意图、愿望和愿景，从而创造出前所未有的事物或想法的心理意识。

创新意识是具备创新思维、拥有创新能力的前提，是人们学会创新的必备心理素质之一。只有在强烈的创新意识的引导下，人们才能产生强烈的创新欲望，进而发挥自身的创新潜能。

创新意识包括创新动机、创新兴趣、创新情感和创新意志。创新动机是促进和激励人们发起并维持创造性活动的推动力。创新兴趣能促进创造性活动的成功，是推动人们充分发挥主观能动性去探究新奇事物的心理倾向。创新情感是创新兴趣的直接表现，是刺激、促进和完成创造性活动的重要因素。创新意志是在创造性活动中攻克难关、排除万难的心理因素，它具有顽强性、目的性和自制性。

在创新活动中，创新意识主要表现为思维活跃新奇，不局限于传统和常规，能与时俱进，具有一定的超前性、创造性、批判性。创新意识与传统的冒险精神不同，它可以使人拥有别具一格的魄力、突破常规的精神和永不言弃的毅力，与思维定式相对立。

2. 激发创新意识的途径

大学生可以通过以下一些途径增强培养创新意识的信心和勇气，激发创新意识，克服消极思维定式的影响。

（1）敢于质疑

质疑是人类思维的精髓。“学源于思，思源于疑”，敢于质疑是培养创新意识的重要途径。提出问题是获得知识的先行者，只有当人们提出了问题，才能进一步解决问题。爱因斯坦也曾说过：“提出问题比解决问题更重要。”

敢于质疑就是主动自觉地去发现问题，用怀疑和批判的眼光看待一切事物，既敢于肯定，也敢于否定。对每一种事物都能提出疑问，是许多新事物、新观念产生的开端。创新思维是以发现问题为起点的。例如，“非典”开始时，中国许多医学权威都认为“非典”病毒是衣原体病毒，但钟南山院士另有发现，他大胆质疑，并坚持自己的观点，认为“非典”病毒是冠状病毒，为当时快速确诊、救治病人立下大功。[①]

（2）善于发现

发现这一行为本身就具有丰富的创造力，有着良好观察力和思考力的人成功的关键就是善于发现。苹果从树上掉下来这一现象在生活中普通得不能再普通，可牛顿却能从表象中去思考它的本质，进而提出了影响深远的万有引力定律。鲁班发现小草的叶齿会划破手指，于是锯子诞生了。诸葛亮发现天气将要变化，于是巧借东风，火烧赤壁。一切似乎都发生在刹那间，所有的灵感就在这一刹那涌现出来，然而事实并非如此。如果鲁班没有长期积累丰富的经验，他或许很难将小草和锯子联系起来。如果诸葛亮不是从小就学习天文知识，他也很难掌握天气变化的现象和规律。因此，一个善于发现的人，必须具备坚持不懈的精神，必须要善于观察和思考。

（3）处处留心

无论是大自然还是生活，其中都潜藏着许多秘密等待着人类去发掘。因此，处处留心，在生活中做个有心人，积极地去观察身边的人和事，就能从中学到许多知识和学问。知识不只是看书学来的，更是反复体会、思考出来的。正所谓“学而不思则罔”，学了却不思考，那么这些知识不久之后就会忘记。感悟得越多，说明思考越多，学问也就越多。大学生要做有心人，要关注社会，关注生活，关注民生，善于观察，勤于思考，乐于总结，这样才能成为一个有智慧的人。

（4）博学广闻

博学广闻就是要广泛学习丰富的知识，实现知识源的创新。实现创新要基于知识的积累，知识本身蕴含着丰富的创造力，没有知识的丰富积累，创新就会失去基础。这就需要大学生具备勤奋求知的精神，博览群书，广泛涉猎各种知识，踏踏实实学习，保持独立思考的能力，不断地学习新知识和提高创新的能力，真正做到终身学习知识和从内心尊重知识，只有这样才能在自主创新中发挥知识的力量。

（5）精通专业

精通专业就是指全面掌握专业知识和专业技能。创新意识的培养需要学生夯实理论基础，创建合理的理论框架，拥有较强的科研能力、信息处理能力和动手能力。因此，要想培养自身的创新意识，就需要学好现代科学的理论知识，并且将其运用到科学实践中来研究和解决社会发展与社会实践中出现的一系列问题，

① 邓文，张明洁．大学生创新创业实用教程［M］．武汉：华中科技大学出版社，2018：7.

从而提高创新能力。

（6）“异想天开”

创新就是“异想天开”，“异想”是创新的前提和过程，“天开”是创新的结果，只有“异想”，才会“天开”。“异想天开”要求人们从不同角度思考问题，不循规蹈矩，不满足于现成的思想、观点、方法，从实际出发，想人所未想，用不同于常人的方式或思路去思考问题。要经常思考如何在原有基础上换个角度解决问题，从而采取更简捷有效的方法和途径进行推陈出新。

（7）勤于实践

“实践是检验真理的唯一标准”，只有实践，才能使自己所学的知识得到巩固。人们所学习的理论知识，是前人实践的间接经验，要想将间接经验变成自己的，就需要用具体的实践活动去检验理论知识，让理论知识在自己的头脑中巩固和内化，使自己的动手能力得到加强。只有不断地“学习 — 实践 — 再学习 — 再实践”，才能丰富知识储备，提升操作技能。因此，加强大学教育的社会实践环节，通过组织实践活动，使大学生经受锻炼，有利于实现理论知识和实践经验的有机结合，为培养学生的创新意识提供有力支持。

二、创业教育

（一）创业教育概述

事实上，我国在古代就已经出现了创业教育。最能体现古代创业教育特色的就是《史记》中记载的“卓氏求迁成世富”。1988 年，胡晓风等人对我国的创业教育作了系统阐释：创业教育是人生历程中进行创造和职业相结合的教育。1989 年在北京召开的“面向 21 世纪教育国际研讨会”中，联合国教科文组织界定了创业教育的概念。从广义上讲，创业教育指的是培养具有开创性的个人；从狭义上讲，创业教育指的是培养创业过程中所需要的创业的意识、精神、能力，并开展与之相对应的实践活动。

1990—1995 年，北京市、江苏省、河北省、四川省等地的基础教育、继续教育和职业教育领域相继进行了创业教育的实验和研究。2002 年，教育部对包括清华大学、中国人民大学、武汉大学、西安交通大学等在内的九所高校进行创业教育的试点工作。这九所高校在不同层面对创业教育的理念、模式建构、创业活动实践机制及相关课程设计进行了积极的探索，在许多方面都取得了丰富的探索成果，为我国高校创业教育的发展奠定了基础。2008 年，32 个创新与创业教育类人才培养模式创新试验区的建立，标志着我国在创业教育方面取得了进一步的实践成果。

西方的创业教育是从 1947 年开始的。当时，哈佛大学商学院首次开设创业教育课程，尽管并未激起太大的波澜，但大多数的创业研究者仍旧将其视作西方创业教育的起点。20 世纪 60 年代末，百森商学院和斯坦福大学设立创业教育学位并开设相关课程，创业教育得到快速发展。20 世纪八九十年代，创业教育在快速发展的同时，其内涵也得到不断的丰富。为了加快实施政策驱动发展战略，欧洲相继出台了关于创业教育的一系列政策，用以积极推进创业教育的发展。瑞典、德国等国在创业教育方面强调满足个体需要，即创业者的需要，因此在实践活动中不断强化创业教育理念。由于创业教育对社会经济的发展具有较大的影响，在欧美教育体系中，创业教育逐渐被提高到与职业教育、学术教育相同的高度。时至今日，随着创业教育从课程教学、专业教学到学位教学的不断变化，创业教育已成为欧美教育的重要组成部分。

（二）创业的含义与基本要素

1. 创业的含义

2015 年，李克强总理在政府工作报告中明确将“大众创业、万众创新”作为经济增长的新引擎之一。习近平总书记则指出：“青年是国家和民族的希望，创新是社会进步的灵魂，创业是推动经济社会发展、改善民生的重要途径。”

在经济全球化背景下，全球创业迅猛发展，创业成为学术界的关注点和热议话题。随着对创业研究的不断深入，创业受到越来越多人的推崇。然而，到目前为止，创业仍旧没有形成一个系统的理论体系和独立的学科领域，人们对创业的定义和内涵的理解也都还没有一致的意见。

奥地利经济学家伊斯雷尔·柯兹纳（Israel Kirzner）从创业者的心理特征，特别是从创业精神的认知特点来看，认为创业者必须有特殊的敏感性，只有那些能够敏锐地感知到市场获利机会的人才可能成为创业者。柯兹纳的创业者理论强调了创业的主动性。

美国管理学家、百森商学院著名教授杰弗里·蒂蒙斯（Jeffry A.Timmons）认为：“创业精神是一种由机会驱动的思维、推理和行为方式。”

罗博特·D. 希斯瑞克（Robert D.Hisrich ）认为，创业是一个发现和抓住机会，从而创造新产品、服务或实现其潜在价值的过程。

被誉为“现代管理学之父”的彼得·德鲁克（Peter F. Drucker）认为，创业是一种行为，其主要任务就是变革。

我国的一些研究者和清华大学创业研究中心对创业的内涵进行了整合，认为其内涵主要包括以下四个方面：① 创业是创造新的业务、组建新的组织、重组新的资源、发掘和创造新的价值等一系列的具有创新性的活动的总和；② 创业是企业管理的一种手段和指导思想；③ 创业是一种高风险的活动；④ 创业活动是在企业管理过程中实现的。

综上所述，创业的内涵可分为广义和狭义两个方面。从广义上而言，创业的本质是敢于打破当前的资源约束情况，使用不同资源的组合，识别并把握机会，创造实践过程的价值。这种活动是一种创新的价值创造活动，是通过创业主体的创业精神体现出来的。从狭义上而言，创业的本质是创业者展现创意，抓住商机，承担风险并投入已有的相关资源，为消费者提供产品和服务，为个人和社会创造新价值和新财富。

2. 创业的基本要素

创业是创业者在市场环境下产生创业想法、识别创业机会、整合创业资源、确定创业项目并实施的过程。创业者、市场环境、创业机会、创业项目和创业资源共同构成了创业的基本要素。

（1）创业者

创业者是实施创业的主体，是创业的核心。从广义上来说，创业者是指从事创业活动的所有人员。从狭义上来说，创业者就只是创业活动的那些核心人物。在真正的创业实践中，狭义的创业者应该比广义的创业者承担更多的风险并获得更多的收益。

对于创业者而言，优秀的素质是其创业的基础，所以创业者应该以诚信为本，做到诚实无欺、信守承诺、言行一致、表里如一。诚信不仅是为人处世的基本准则，也是经商之魂。在创业过程中，诚信是创业者参与竞争的有力武器。创业者还要具备敏锐的直觉、创新意识和敢于竞争的魄力。创业者在创业过程中起关键作用，承担着产生创业想法、识别创业机会、整合资源、开发产品或服务、开拓市场等任务。

（2）市场环境

市场环境是指创业者从事创业活动的外部环境，也就是创业环境。有利的市场环境能很好地推动创业活动的进行，反之，不利的市场环境则会增加创业的风险，导致创业者面临创业困境甚至创业失败。

（3）创业机会

创业机会是创业过程中的关键要素，创业者通过发现和捕捉创业机会开始他们的业务。创业机会是指短时间内无法得到满足的市场需求，是现有企业在市场上留下的市场空缺，它广泛存在于经济活动中。科技的进步、消费者需求的增加、市场环境的变化、政策的变化等都可以为创业者带来创业机会。

（4）创业项目

创业项目是创业活动的载体，是创业者为了达到商业目的或社会目的而将创业机会和资源进行整合并具体实施的工作，具体表现为创业者在某个产业领域中进行的生产、管理和经营活动。

（5）创业资源

创业资源即创业者在创造新事物的过程中所需要的一切资源，它是保证企业创建和顺利运行的必要条件，具体包括风险投资、信息资源、创业技术等资源。

资本对企业的发展非常重要。在企业发展阶段，资本链断裂将直接严重影响企业的快速发展。在一开始，企业一般主要通过自筹资金的方式来维持经营，满足一定条件的创业者可能会得到一些政府扶持资金。

信息资源是企业生产经营过程中涉及的所有文件、数据、图表等，它包括在生产和商业活动过程中生成、获取、处理、存储、传输和使用的所有信息，并贯穿整个企业管理过程。由于市场竞争非常残酷，对于新兴企业来说，更需要掌握丰富、及时、准确的信息，以绝对优势赢得更多资源。当创业者拥有比其他竞争对手更多的信息时，他们就可以获得更多的创业机会。

创业技术是某个产品或服务的重要基础，也是重要的创业资源。产品和服务的技术含量是企业的核心竞争力，是企业满足社会和市场需求的重要支撑。

以上五个创业的基本要素相互影响、相互制约，共同构成一个创业系统。创业者只有将这五个要素进行有机结合和熟练把握，才能开展创业活动，否则，创业者就只能成为潜在的创业者。创业者要学会合理地利用市场环境，抓住机遇，选择合适的方向，合理地配置资源。

3. 大学生创业的风险

大学生创业的风险主要存在以下几种情况。

第一，大学生经验不足，缺乏详细而周密的市场调查，心理准备不充分。

对于创业中出现的困难和险阻，很多大学生感到十分无助和茫然。大学生创业之初，看到的、听到的往往都是成功人士的例子，很可能会盲目地认为创业很简单。其实，成功是靠无数次的失败堆积出来的。大学生要将目光放得长远，既要看到创业中的成功，也要看到创业中的失败。只有这样，大学生才能在创业过程中更加冷静、睿智和勇敢。

第二，急于成功，缺乏市场风险意识和企业管理经验。大学生尽管在大学期间已经学习了一些理论知识，但是缺乏将理论与实际相结合的经历和运行企业的能力。同时，大学生对复杂的市场趋势、企业管理、资本运转等领域缺乏深入、系统的了解，很难在短时间内转变为企业家的角色。

第三，理想主义，脱离实际。大学生对创业的认识一般会停留在一个概念层面，他们的创业设想往往不切实际或过于理想化。这是因为他们的创业态度往往不够端正，或者没有正确地把握市场方向。很多大学生所做的创业计划书试图用一个想当然的新鲜想法来吸引投资者，但是投资者往往更加关注产品的含金量如何、有无市场、能否盈利等信息。因此，大学生不够成熟的创业计划很难获得投资者的资金支持。

第四，缺乏必要的创业知识。创业本身就是一项极具挑战性的社会活动，要想获得成功，不但需要激情，还需要足够的创新意识、敢于开拓和冒险的气魄与胆识。然而，现在的高校教育对这方面的课程设计和教育明显不是很充足，同时，对大学生的创业能力训练不够重视。因此，从整体上看，大学生自主创业的自身条件还不够成熟。

第五，创业竞争压力越来越大。大学生创业会面临各方面的竞争，尤其是有工作经验的创业者，具有较高的水平和能力，又拥有丰富的经验和资金，会给大学生创业带来较大的竞争压力。

第六，规避风险的能力较差。在创业过程中，由于创业环境的复杂性、不确定性和市场环境的变化会给创业活动带来风险，创业风险不可能完全消除，而大学生创业者的能力和实力有限，所以规避风险的能力较差。

第二节　创新创业教育及其特点分析

一、创新创业教育的概念

一些人认为，创新创业教育就是创业教育与创新教育的组合或者传统创业教育的新发展。实际上，这种说法是不够科学和客观的。创新创业教育是一个全新的概念，是我国将创新的理念和国外的创业教育有机结合的产物。目前，学界对于创新创业教育还没有形成明确、统一的定义。

有学者认为，创新创业教育的终极目标是培养学生的创新创业基本素质，实现人的全面发展，因而是一种新型的教育模式。① 东京创业创新教育国际会议于1991年将创业创新教育定义为“培养出一批具备冒险精神和探索精神以及自主创业能力和管理能力的人才的教育活动”。

总的来说，创新创业教育是指以学生为发展对象的符合新时代需求的新型教育模式，是在多种教育理念之上综合发展而成的新型理念。创新创业教育的目标是培养学生的创业精神并提高其创新创业能力，是一种教育与经济产业的有机结合，是数字化时代潮流下从知识理论型教育转向实践创新素质培养的一次尝试，能为学生今后走上创业之路奠定基础。

二、创新创业教育的性质

（一）创新创业教育是素质教育的深化与延伸

高速发展的信息时代让高等教育走向大众化、普及化，而创新创业教育是当今时代高等教育发展的必然走向。当前，世界各国都空前重视创新创业教育对国家经济发展的作用，我国也不例外。创新创业教育已成为我国教育改革的突破口，受到学界的广泛关注。

人类社会的教育经历了守业教育、素质教育、创新创业教育三次变革。守业教育是传统教育模式，也是注重传统和维持现存秩序的保守教育模式，其特点是

① 裴小倩，严运楼．高校创新创业教育协同机制研究 [M]．上海：上海交通大学出版社，2018：30.

“重教有余，重学不足；灌输有余，启发不足；复制有余，创新不足”[①]。应试教育就是守业教育最集中的呈现形态。综上可以发现，守业教育明显具有重理论轻实践，忽视人的主体性、创造性等缺陷，导致学生常常与社会实际脱节，出现应试能力强而运用能力弱的情况。

素质教育是在传统保守的守业教育基础上发展而来的，是对传统模式的反思成果。素质教育相较于守业教育呈现出明显的综合化、全面化倾向，其教育目标是提升受教育者的综合能力，实现人的全面发展。

创新创业教育则是知识型时代、数字化时代下发展出的新型教育模式，标志着高等教育进入了全新阶段。创新创业教育的出现推动了素质教育的变革，让素质教育升华为与时俱进的实践教育。创新精神、创业能力等是新时代人才的重要素养，为了顺应时代需求，创新创业教育以提升学生综合素质为培养目标，开展具有创新性、实践性等特征的教学活动。可以说，创新创业教育是素质教育在新时代需求驱动下的更高层次的深化和延伸。

（二）创新创业教育包括创造、创新、创业与创优

创新创业教育是创造、创新、创业、创优“四创合一”的教育，其目的是培养学生的创造性思维、创新精神、创新能力、创优意识，最终目标是实现人的全面发展。

创造是一种思维方式，它需要经过“新想法提出 — 新理论建构 — 新产品生产”这个从无到有的完整过程。创新是一种发展能力，以现有的思维模式对现存事物进行重新发现、重新认识，所有有价值的新事物、新思想的诞生都可以看作创新的成果。创业是创新和创造进一步发展的结果，将创新成果和创造结果应用到管理或技术上，产生一定的经济效益，在现代社会常常被视为一种生存方式。创优是一种精神品质，是创造、创新和创业的升华。

总之，所有新颖的物质成果和精神成果都属于创新，而试图将创新性成果落实的活动过程就是创造，利用商业机会和社会资源将这种创新性成果应用于生产活动的动态过程就是创业，而创优则始终贯穿于创造、创新和创业。

（三）创新创业是教育体系的一部分

创新创业教育模式是一种新型教育模式，但它并不是对传统教育进行全盘否定的模式，而是在传统教育的基础上延伸、发展而来的教育模式。创新创业教育

① 韩延明．大学教育现代化［M］．济南：山东教育出版社，1999：175.

对固化、刻板的传统教育进行了改造，更强调“综合式教育”，即强调基础教育与职业教育、继续教育的有机融合，关注知识理论、实践技能、情感体悟的共同开发。简而言之，创新创业教育是为适应时代需求，在传统教育模式基础上衍生而来的新式的综合教育模式，是对传统教育的继承与发展。

目前，创新创业教育在一些国外发达国家中逐渐呈现出独立发展的趋势，但创新创业教育本身并不是一个独立的教育体系。它的独立发展是基于基础教育、职业教育、继续教育三大教育体系之上的相对独立，因此，创新创业教育始终融合、贯穿于三大教育体系。

三、创新创业教育的特点

创新创业教育是对传统教育模式的发展与超越，它自身具有一些独特性。这些独特性主要表现在教育受众扩大、教育形式变更、教育方式革新和教育过程开放等方面。具体来说，创新创业教育的独特之处可以从以下几个方面得到体现，即教育方法的前瞻性和引导性、教育受众的主体性和全员性、教育形式的实践性和多样性、教育过程的开放性和互动性。创新创业教育与传统教育模式虽有相同之处，但是二者还是存在差别的。创新创业教育的独特之处具体如下。

第一，创新创业教育是看重实践的新型教育。创新创业教育主要通过实践来开展教育活动，如创新创业项目比赛、创新创业奖学金的评定等。通过实践活动让学生亲身体会创新创业活动，进一步激发学生的创业积极性，调动学生的创业兴趣。

第二，创新创业教育是面向高校全体学生的教育，引导学生习得创业技能、培养创业精神。一方面，创新创业教育为学生们提供创业相关知识、技能培训，如开设创业实践、创业管理等课程；另一方面，创新创业教育还能为具有创业意愿的学生提供专此的创业指导。

第三，创新创业教育还要求各高等院校给学生搭建创业实践平台，建设创新研究中心和创业中心等各类创业机构。

总之，创新创业教育强调唤醒学生的创新意识，注重培养学生的创新创业技能，引导学生敢于打破常规的就业理念，去创造属于自己的事业。

创新创业教育的特点主要体现在以下四个方面。

（一）教育方法的前瞻性与引导性

创新创业教育同时承担着知识传授和技能发展创新的双重职责，是一种带有前瞻性的教育模式，这种前瞻性赋予创新创业教育更多生命活力。此外，创新创业教育不等同于创新创业实践本身，创新创业教育是引导学生进行创新创业实践的一种教育，其主要功能是引导并指导学生进行创新创业活动，通过对学生创新思维、创新能力、创业知识与技能的培养，达到塑造学生创新创业型价值观的目的。也正是因为这种前瞻性，创新创业教育才具有极强的生命力和竞争力。

（二）教育受众的主体性和全员性

创新创业教育是尊重学生主体性的全员式教育，它面向全体学生，是未来高等教育发展和革新的主要方向。创新创业教育不同于传统应试教育的被动灌输，它强调尊重学生的主体意识，在教学过程中发挥学生的主体作用。创新创业教育与传统教育的区别在于其课程开发设计、教学活动开展等都以学生为中心，在关注学生个体特性的基础上因材施教，挖掘学生潜质，打破学生传统的被动学习状态，进而培养他们的创新思维和批判思维。

另外，创新创业教育具有全员性，它不是仅仅面向有创业意向的学生，而是面向所有学生，那些即将走上工作岗位的学生也是创新创业教育的关注对象。因此，创新创业教育是贯穿专业教育始终的，它可以在与其他教育的融合中激发学生的创业创新精神。

（三）教育形式的实践性和多样性

创新创业教育极为看重教育中的实践性教学，通过多样化的课程设置、教学内容安排、教学活动规划，教育活动与社会生活、生产紧密相连，能让学生在教学活动中充分发挥实践活动与创造活动的主体地位。

创新创业本身就是一种实践活动，因此，为创新创业服务的创新创业教育必须具备鲜明的实践特征。这就要求创新创业教育不仅要向学生传授与创业相关的知识，更要培养学生创新创业实践的能力，提升与创业相关的管理、分析、交际等技能。

（四）教育过程的开放性和互动性

创新创业教育是一种强调互动的开放式教育，其个性化的培养模式对学生的参与和互动程度提出了更高的要求，教学时也更注重师生之间、学生之间的沟通与合作。这种开放互动的模式能让学生在讨论合作中理解对方的观点，进而不断完善并修正自身的创新创业计划。此外，创新创业教育不同于传统的封闭教育，它能为学生提供更多自由、开放的学习空间与实践空间，是一种充分尊重个体独特性的教育，它在学习实践、学习内容等方面都给予了学生自由选择的空间。也就是说，创新创业教育是一种模式开放、教学内容多样、善于挖掘各种教学资源的开放性教育。

第三节　开展创新创业教育的意义

《国务院办公厅关于深化高等学校创新创业教育改革的实施意见》指出，深化高等学校创新创业教育改革，是国家实施创新驱动发展战略、促进经济提质增效升级的迫切需要，是推进高等教育综合改革、促进高校毕业生更高质量创业就业的重要举措。[①] 习近平总书记也指出，全社会都要重视和支持青年创新创业，提供更有利的条件，搭建更广阔的舞台，让广大青年在创新创业中焕发出更加夺目的青春光彩。

创新创业教育是思想教育的延伸和拓展。在对毕业生实施创新创业教育的时候，要把培养学生的世界观、人生观、价值观重点贯穿于教学过程的始终，体现在学生的职业生涯规划、创业还是就业、择业追求和成才道路等方面；帮助学生树立正确的择业观，正确处理好个人需要与社会需要的关系、职业理想和社会现实的关系、社会环境与个人成才的关系等；帮助学生理性地选择职业，同时做好艰苦奋斗、甘于奉献的思想准备。

2015 年 6 月，国务院印发了《关于大力推进大众创业万众创新若干政策措施的意见》。该文件明确指出，推进大众创业、万众创新，是培育和催生经济社会发展新动力的必然选择，是扩大就业、实现富民之道的根本举措，是激发全社会创新潜能和创业活力的有效途径。

---

① 中华人民共和国中央人民政府网站．国务院办公厅关于深化高等学校创新创业教育改革的实施意见 [EB/OL].（2015-05-13)[2021-6-16].http://www.gov.cn/zhengce/content/2015—05/13/content_9740.html.

一、“大众创业、万众创新”的重要理论意义和现实意义

（一）“大众创业、万众创新”揭示了创新创业理论的科学内涵和本质要求

创新是利用旧有资源创造新价值的行为，它主要分为两种类型，即社会创新和技术创新。著名经济学家诺斯认为，世界经济的发展是一个制度创新与技术创新不断互相促进的过程。创新是企业家对生产要素的重新组合，创业是指个人发现和捕捉机会并由此创造出新产品或服务的过程。创业并不局限于创办新企业的活动中，在现有企业中也存在创业行为。创业者既可以指新创企业的创办人，也包括现有企业中的具有创新精神的企业家。

创新与创业是一对既相互联系又相互区别的概念。创业的基础和灵魂是创新，且其本质上也属于一种创新活动。创业的内涵较为丰富，不仅包含着创新的内容，还包括就业、社会发展和公平正义等方面的内容，创新则更侧重于与经济增长的关系。

影响创新创业的因素有很多，包括国民素质、基础研究水平、科研基础设施条件、体制政策环境等，但核心还是人的因素，而关键则是创新型企业的发展壮大。从某种程度上讲，推动创新发展就是坚持以人为本，提高国民的教育水平，充分调动和激发人的创新创业基因，坚持以企业为主体推进创新，大力推动创新企业发展，强化企业作为创新发动机的作用。

（二）“大众创业、万众创新”反映了人类创新发展的历史和经济发展的一般规律

“大众创业、万众创新”的提出，把创业、创新、人、企业这几个关键要素紧密结合在一起，不仅突出打造经济增长的引擎，而且突出打造就业和社会发展的引擎；不仅突出精英创业，而且突出草根创业、实用性创新，体现了创业、创新、人和企业“四位一体”的创新创业发展总要求，揭示了创新创业理论的发展规律，为创新创业理论和实践的研究开辟了新天地。

人类社会发展史其实可以看作一部“大众创业、万众创新”的历史，我国改革开放的实践进程就充分说明了这一点。例如，20 世纪 80 年代初以家庭联产承包责任制为核心的农村体制改革，极大地激发了农民的创业热情，一大批乡镇

企业异军突起，成就了今天以万向集团为代表的一批创业企业。此后，随着经济体制和科技体制改革，又有一大批科研人员和国有企业职工“下海创业”，使一大批民营企业异军突起，成就了今天以华为、联想、海尔等为代表的一批创业企业。这些企业大多都是“草根创业”，是“大众创业、万众创新”的典型代表。

由此可见，创新创业不能以“选运动员”的方式来挑选创业者，而是应该在全社会宣扬创新创业精神，为创新创业营造公平竞争的市场环境，提高民众的参与度，使其积极投身到创新创业的浪潮中，让优秀人才在创新创业的实践中脱颖而出。

（三）“大众创业、万众创新”是坚持创新发展、实施创新驱动发展战略的关键途径

李克强总理在出席国家科技战略座谈会时指出，实施创新驱动发展战略，要坚持把科技创新摆在国家发展全局的核心位置，既发挥好科技创新的引领作用和科技人员的骨干中坚作用，又最大限度地激发群众的无穷智慧和力量，形成大众创业、万众创新的新局面。要依托“互联网 +”平台，集众智搞创新，厚植科技进步的社会土壤，打通科技成果转化通道，实现创新链与产业链有效对接，塑造我国发展的竞争新优势。要把科技与人民群众的创造力在更大范围、更深程度、更高层次上融合起来，通过大众创业、万众创新将科技成果转化为现实生产力。

由此可见，要实现“大众创业、万众创新”必须加强教育质量的提升，促进科技体制的改革，强化科技基础和创新人才的培养，在全社会大力弘扬创新创业精神，为壮大创新创业队伍提供充足的条件，加强新创建的企业和现有企业的创新力度，不断为企业创新注入新鲜血液，最终汇聚成经济发展的新动力。

（四）“大众创业、万众创新”是推进供给创新的重大结构性改革

推进供给侧结构性改革，是我国当前经济发展的重大任务。综合来看，供给侧结构性改革主要是指对要素投入侧和生产侧的重大改革，核心是要通过推进金融、土地等要素改革和生产端的改革，提升企业效益和竞争力，创造出能够满足消费者需求的优质产品和服务，开拓新市场，推动新技术、新产业、新业态的蓬勃发展，加快实现发展动力的转换。最重要的是加强体制改革，让更多社会资本参与投资，充分激发微观经济主体的活力。

“大众创业、万众创新”，不仅可以大幅增加有效供给，增强微观经济活

力，加速新兴产业发展，还可以扩大就业、增加居民收入，有利于促进社会公平正义，是经济发展的引擎。在当前形势下，要紧紧围绕打造“大众创业、万众创新”这一中国经济增长的新引擎、新动力，大力推进政府监管、投融资、科技体制等关键环节、重点领域的改革，加强人才、技术、金融等要素支撑，着力营造有利于新兴企业不断涌现和发展壮大以及有利于新技术、新产品、新业态快速商业化的良好环境。

当前国际环境下，新一轮的科技革命和产业变革迅速进行，我国经济进入了快速发展、动力转化和结构转型的关键时期。在新形势下，我国必须大力推进“大众创业、万众创新”，加强营造有利于培养优秀科学家、发明家、技术人员和企业家的社会条件，构建“大众创业、万众创新”的文化氛围和社会环境，为经济的平稳增长、社会的公平正义、国家强盛和人民富裕而作出不懈努力。

二、开展大学生创新创业教育的重要意义

新时代背景下的创新创业教育对于深化高校教育改革、完善人才发展机制、支撑创新驱动发展战略都有着重要的意义。

（一）大学生创新创业教育是实现中国梦的基础

近代以来，世界大国在实现强国梦的历史进程中，科技革命均发挥了重要作用。中国在发展过程中错过了前两次工业革命的高潮期，因此与西方发达国家的差距越拉越大。如今中国抓住了第三次科技革命的尾巴，力争使信息技术和信息产业的发展水平进入世界先进行列。历史经验告诉我们，科技革命带动工业革命，是一个民族崛起、一个国家梦想成真的关键性先导力量。作为第一生产力的科技创新，是实现国家富强、民族振兴和人民幸福的决定性因素。因此，创新是实现中国梦的决定性基础力量。

以大学生为代表的青年不仅是科技创新的主力军，还肩负着民族繁荣昌盛的未来，没有青年参与创新，国家的高科技产业迟早会停滞不前。目前，教育界一直在讨论“中国的大学生为什么缺乏创新创业精神”这样一个话题。经教育家和学者的调查研究，他们认为：缺乏创新的缘由是中国的教育方式存在问题，机械式教育下的中国学生面对任何问题都只追求一个正确答案。在高校开展创新创业教育，不仅是为了解决大学毕业生就业问题，也是为了深化高等教育改革，更是为各行各业输送拥有创新精神和创业品质的优秀人才。因此，从某种意义上说，

大学生创新创业教育是实现中国梦的重要基础。

（二）创新创业教育是推动高校教育改革，改变传统教育体系与实践脱节困境的重要破局点

高校教育改革所涉及的内容十分广泛，目前最关键的领域是要响应新时期下技术、经济、社会的变化，并且研究和解决理论与实际相脱离的问题。一方面，创新创业教育具有很强的实践属性，是能力教育和素质教育，客观上要求教学与实践需求的统一、知识与方法技能的统一。这就必然要求高校进行体制机制创新，以创新倒逼改革。另一方面，将创新创业教育作为推进高校教育改革的破局点和检验标准，也是满足人才发展需求、培养学生创新理念、提升学生创业技能的重要内容。

（三）创新创业教育是完善人才发展机制和加速人才培养的重要举措

创新创业教育是一种跨学科的教育，和一般的专业学科教育有很大的不同，它主要提倡扩展学生的知识宽度、实现学科融合，更加符合以人为本、培养复合型创新创业人才队伍的要求。创新创业教育丰富了教育的内涵，延伸了人才培养的边界，拓展了就业的渠道，为“人尽其用”提供了更多的可能。

（四）高校创新创业教育的根本是促进高校学生参与创新创业，是支撑“双创”和创新驱动发展战略实施的重要举措

国家之间的竞争是创新能力的竞争，而创新能力的竞争是创新人才的竞争。坚持创新驱动的实质是人才驱动，人才是发展的第一资源，抓人才就是抓发展，强人才就是强实力。据调研，我国高校在校学生和当年毕业学生的创业人数的比例呈现增长态势，2019 届本科毕业生自主创业比例为 16%，高职毕业生自主创业比例为 34%。随着毕业时间的延长，毕业生自主创业比例持续上升，毕业三年内上升至 8.1%。[①] 高校学生已经成为推动“大众创业、万众创新”的重要力量，是国家创新驱动发展战略的重要支撑。

---

① 央广网．《2020 中国大学生就业报告》（就业蓝皮书）发布 [EB/OL]．(2020-07-10)[2021-6-22]. https://baijiahao.baidu.com/s?id=1671802138576313420&wfr=spider&for=pc.

第一章

大学生创新创业人才培养的现状

我国大学生创新创业人才的培养起步较晚，虽然发展迅速，但与国外发达国家还有一定的差距，所以需要充分吸取和借鉴发达国家的创新创业人才培养经验，从而促进我国创新创业教育的发展。本章对美国、欧洲、日本、新加坡等发达国家和地区的创新创业的人才培养模式进行分析，提取出对我国创新创业人才培养的有益经验，并在探讨我国创新创业人才培养现状的基础上，对国内外创新创业人才培养情况进行对比分析，对国内外创新创业人才培养现状形成综合认识，从而将国外的创新创业人才培养经验作为我国的改善措施，适时适地应用于我国创新创业人才培养的教学活动。

第一节 国外大学生创新创业人才培养的现状

一、不同国家或地区大学生创新创业人才培养的情况

（一）美国

1. 美国大学生创新创业人才培养的发展历程

美国相对自由、宽容的社会氛围激发了创新创业者的积极性，提高了他们创新创业的成功率，在整个社会中形成了一种推崇成功企业家、鼓励创新创业的文化氛围，大大推动了美国人创新创业精神的养成。美国是鼓励创新创业精神的典型代表，其经济发展的主要动力之一就是创业。美国的经济奇迹和大量的工作机会都是由个人创立的小企业创造的，其中很多创始时的小企业现在都已发展成为世界级的巨型公司。考夫曼基金会主席卡尔·施拉姆认为，企业家精神是美国的核心竞争优势，是美国在世界经济文化发展中保持超级大国这一绝对优势的主要动力来源。[①] 美国的创新创业教育与人才培养之所以取得巨大成功，不仅与其创业文化有关，更重要的原因还在于社会各界对创新创业教育的大力支持，包括政府、民间组织、实业界等。

20 世纪 40 年代中期到 60 年代末期，美国高校的创新创业教育取得了一些发展，如以哈佛为代表的大学开始成立与创新创业相关的研究中心并开设相关课程，学者开始发表关于新创企业管理的研究成果，关于创新创业教育或创业的基金会和协会也开始出现，等等。然而，美国的创新创业教育并没有形成快速发展的态势，特别是进入 20 世纪 60 年代，很多小公司被吞并，大公司迅速崛起，在市场上占绝对统治地位，创新创业面临着庞大的市场压力。这样的现象让当时美国的创新教育一度陷入停滞状态。根据学者卡茨的统计，到 1968 年，只有 4 所大学开设了创新创业方面的课程，这个时间节点距离 1947 年美国高校开设第一门创新创业教育课程已有 21 年之久，其发展速度之缓慢可见一斑。但是，到了 20 世纪 60 年代末期，美国的创新创业教育就发生了革命性的变化。

自 20 世纪 60 年代末以来，美国的就业岗位和就业机会的增长开始呈现出新的发展趋势。尤其是近 20 年，一些原本能够为就业者提供大量就业机会的工作

① 邓如涛．新常态下高校创新创业教育研究［M］．成都：电子科技大学出版社，2017：192.

领域正在慢慢减少这些工作岗位。从1970年开始，《财富》杂志上统计的“世界500强”的企业所提供的固定岗位每年都在呈现递减的趋势。在此期间，所有新出现的就业岗位基本上都是由中小规模的机构提供的，它们大多数是中小型企业，在20年前它们甚至都还没有出现。这些中小型企业为创新创业教育的发展提供了经济和社会基础。

硅谷奇迹的发生使美国大学生创新创业教育开始焕发出活力。硅谷的发展最初源于斯坦福大学主动创立产业支持自己发展的战略，这一战略的核心是实现产业和学术发展的整合，可以简称为“以学术为基础的产业战略”。正是这一产业战略，使得曾经是“一片盛产水果和坚果的绿地”，因为旧金山海湾地区技术公司、风险资本家、创业型科学家和工程师的联合体而赢得了“硅谷”的称号。

硅谷奇迹突显了大学在区域经济发展中的重要作用，而促进大学经济作用充分发挥的大学生创新创业教育也逐渐走进大众的视野，并受到极大的重视。随后，备受关注的大学生创新创业教育在美国迅速发展。

美国政府对创新创业教育与人才培养的支持主要表现在以下三个方面：一是政府相关部门成立研究团队并组织研究机构对创新创业教育展开全面研究，为创新创业教育实践奠定理论基础；二是制定政策，引导、鼓励、支持创新创业教育发展，为创业提供税收等政策优惠；三是为创新创业教育工作突出的高校、创业学生、创业项目提供资金资助。美国通过立法组织全国力量加强创业培训，充分发挥各州政府的积极性，创立小企业开发中心，实行“小企业孵化”计划，创建创新创业教育教学和研究中心等。美国的创新创业教育与人才培养是市场驱动导向的，其发展的主要支撑保障是非官方力量在支持，如创新创业教育联盟、创业领导学会、考夫曼基金会、全美创业中心联盟、美国管理学会等。

美国大多数高校都采取“校企合作”的模式，通过和高新技术企业合作，共同推进创新创业教育，这种模式也的确取得了良好的教学效果。校企合作模式主要有以下几种：其一，企业界人士到高校兼任创新创业教育教师，或以与学者合作共同开设创业课程的形式，或以短期讲学和参加论坛的方式，在与学生进行创业经验交流时激发学生的创业精神和创业热情；其二，学校和企业共同开展创新创业教育项目研究，形成产学研一体化模式，帮助学生开展创业，促进科技成果迅速产业化和商业化，提高创业成功率；其三，企业为高校的创新创业教育提供资金支持，如为教师提供学术研究资金、为学生提供专项基金等；其四，企业为创新创业教育提供实习便利，也就是让企业成为高校学生的创业实践平台，为学生提供实践场所和实习机会，让学生通过企业平台切实地丰富实践经验，提高创业技能。可以说，企业界的支持是美国大学生创新创业教育得以顺利推进并取得显著成果的重要原因。

2. 美国大学生创新创业人才培养的模式

美国高校的创新创业教育主要有磁石模式和辐射模式两种类型的运行模式。

（1）磁石模式

磁石模式是由创新创业教育中心（该中心主要隶属于商学院）全面负责创新创业教育，如创新创业教育的师资培养、学院招生、课程安排和经费管理等诸多环节，将创新创业学当作一门独立的新兴学科进行管理与建设。

斯特里特（Deborah h.Streeter）教授将磁石模式细分为“单一磁石模式”和“多重磁石模式”。单一磁石模式就是将创业教育的行政管理办公室、教职员工、创业项目完全集中在一个学术单位，多为商学院。商学院和其他专业的学生都聚集在一起学习，任课教师也都来自商学院。百森商学院就是典型的单一磁石模式。其一，学院的本科生、MBA 课程和与课程相关的创业实践活动都对全体学生开放；其二，开放课程和活动中所需的经费、师资等都由百森商学院负责筹备并管理。例如，该学院本科生的课程体系设置完全打破了高校的常规人才培养模式，是按照创业者、企业家的标准对学生进行培养。

“多重磁石模式”由大学中不同学院内部的创业中心创办。斯坦福大学采用的就是多重磁石模式。该校的创业教育已经出现在三个独立的中心，以技术创业项目为依托，专门对学校的工程师和科学家进行创业技巧训练。其目标是“促进高技术创业教育，培养（未来）工程师和科学家的创业技能”。依托这一项目，学校为学生开设了一系列综合课程，虽然这些课程本意是面向工程学院的全体学生，但学校也积极鼓励其他学院的学生积极选修这些课程。

（2）辐射模式

辐射模式的特点是创业项目或中心的行政管理工作在所有学术单位之外。管理单位作为一种机制，对所有参与的学术单位起到分配和协调资金的作用。每个学术单位都具备一些内部资金，并有一些教师和学生参与到创新创业课程中，课程对全校学生开放。教师们可以同其他专业领域的教师一起进行研究、教学和合作。在辐射模式下，创业教育之所以能够实现“广谱式”，主要得益于其对不同学术单位的渗透和灌输，使创业课程可以延伸到学校的各个学院，并有不同学科的教师任教。

（二）欧洲

为了促进创新创业教育的发展，欧盟出台了一系列大学生创新创业教育政策，如《欧洲奥斯陆创新创业教育议程》《实施创业行动计划》《帮助营造创业型文化》《欧洲创业绿皮书》等，旨在培养新一代青少年的创业精神和创业技能，提升欧盟经济活力。

欧盟出台的一系列创新创业教育政策在欧盟范围内构建了大学生创新创业教育的整体发展框架。在该框架下，欧洲的大学生创新创业教育得以有系统、有计划地开展。

此外，欧盟还颁布了许多与创业相关的政策，着重强调了就业精神的重要性，由此可以看出，大学生创新创业教育已成为欧洲教育一体化进程的重要组成部分。例如，欧盟制定了《欧盟中小企业发展宪章》，提出了创业精神培养等10项目标，并于每年对其实施情况进行评估。欧盟还在“促进创新创业教育”论坛上提出了五个中小学创新创业教育目标：帮助学生提升解决问题的能力，鼓励学生提升与企业家素质有关的能力以及与实现个人愿望相关的风险应对能力，鼓励学生提升自信、发挥独立思考和反向思维的能力，鼓励学生提升协作能力、联动能力和承担新任务的能力。

（三）日本

相对于欧美国家，日本的高校创业教育开始较晚，但其发展势头迅猛，引人注目。目前，日本创新创业教育与人才培养已发展为以下四种主要模式。

一是创业家专门教育模式。这是以商学院或经济学院实际创业或以创业为志向的学生为对象的创业家专门教育模式，要求学生在两年时间内完成学习和创业环境考察，最终将创业计划落地。

二是经营技能综合演习模式，即以商学院或经济学院商业计划书制订为形式的经营技能综合演习模式。

三是创业技能副专业模式，即针对以工学、医学等专业为主修专业的学生建立的创业技能副专业模式。

四是企业家精神涵养模式，即面向全体学生开设的、以创业素养普及为目的的模式。

这四种模式分别针对不同类型和知识水平的学生，如图 1-1 所示。

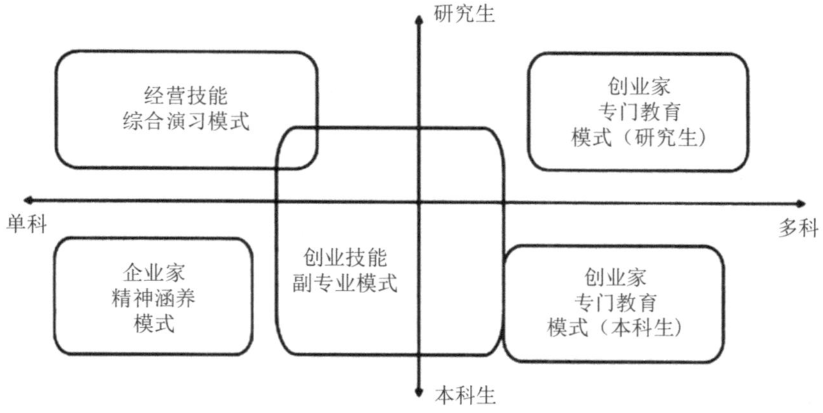

图 1-1　日本创新创业人才培养模式示意图

20 世纪 90 年代，日本的发展陷入了长期的停滞，经济方面主要表现为呈负值增长，经济结构僵化难以调整，教育方面也出现了大学生就业困难、社会失业率居高不下等严峻问题。在此背景下，日本开始引导学生创业，并积极推进高校创业教育。日本高校的创业教育更偏重创业精神的培养，但又在一定程度上吸收了美国创业教育的特点。日本高校的创业教育的特点主要如下：其一，日本注重创新创业精神的培养，且贯穿于从小学到社会的整个教育体系，具有连续性；其二，日本极为注重将创新创业教育与地方经济产业特点相结合，充分挖掘、利用地方资源，从而通过富有特色的创新创业活动推动地方经济的发展；其三，日本构建了“官产学”的创新创业教育课程开发及社会支持体系。一方面，学校、政府、企业、社会中介机构、民间社团等各方资源共同开发具有视角整合性的课程体系；另一方面，通过该社会支持体系，实现对创业教育及学生创新创业活动每个阶段个性化的支持。

（四）新加坡

新加坡借助自身亚洲金融中心地位、中西文化交融得宜、中英双语环境等优势，使创新创业教育逐步走上了国际化的道路，并以此形成了鲜明的特色。20 世纪 60 年代，新加坡进入经济前景迷茫的动荡期，深度实施创新创业教育被纳入推动新加坡经济可持续增长的具体措施中，并逐渐受到国人的关注与发展。在地缘和传统价值观念上，新加坡与我国有一定的同源性，因此，其享有良好声誉的大学生创新创业教育模式对我国相关领域有很强的借鉴意义。

新加坡大学生创新创业教育的主要特点如下：其一，创新创业教育全面覆盖小学、中学、大学各个阶段，且在大学教育阶段性目标明确。第一阶段为国内密集式的创新创业知识和能力培训，第二阶段则通过全球性计划、学生交流计划以及双学位和联合学位计划等方式提升学生的国际化视野与创新创业实践能力。其二，政府为创新创业教育和创新创业活动提供了大量的资源，并积极推动创新创业教育的改革。

国际化是新加坡大学生创新创业教育最大的特点，其主要体现在课程设置、师资引进等方面，致力于积极推动本国创新创业教育的国际合作。在课程国际化方面，来自美国、日本、欧洲等国家和地区知名学府的专家受新加坡政府邀请，为新加坡高校创新创业教育改革提出建议，将灵活的学分制和众多国际化课程纳入教学体系。在师资队伍国际化方面，新加坡注重教师的“走出去”与“引进来”，如南洋理工大学每年都有20%的教师被派到国外高校、企业进行培训与深造，而国立大学的外籍教师人数占教师队伍的50%。① 在教育合作国际化方面，则主要体现为跨国办学、与其他国家重点大学开展合作项目、大规模的国际交换生计划等。

二、国外大学生创新创业人才培养的共性与局限性

尽管各国的创新创业教育模式在教育理念、发展动力、政府效用等方面各不相同，但均取得了较好的现实效果，且在根本上具有一定的共性。通过对这些共性和局限性的分析，能更好地为我国创新创业教育的发展提供参考。

（一）国外大学生创新创业人才培养的共性

第一，从以上国家的大学生创新创业教育的发展历程可以看出，创新创业教育的迅速发展都集中在国家经济发展受阻、就业形势严峻这一困难时期。换言之，社会发展的停滞期是大学生创新创业教育产生与发展的最佳时期。

第二，课程体系具有从初级教育到社会教育全过程的连贯性、系统性，而不局限于高等教育阶段。

第三，按课程对象的不同需求，创新创业教育大都由面向所有学生的通识教育和面向重点对象与特定学科的专项教育两部分组成，具有差异化和层次性。

第四，课程内容向实践与精神培养的均衡点收敛。在更为重视实践的美国式创新创业教育模式中越来越多地加入了企业家精神的培育；而在更为重视精神培

① 傅安洲．大学生创新创业教育的理论与实践 [M]．武汉：中国地质大学出版社，2015：116.

育的芬兰式创新创业教育模式中，实践的重要性被充分认识，实践能力的训练也被更多地融入原有的课程体系。

第五，大学生创新创业教育与社会支持体系共同构成“高校—政府—行业—企业—社区”的闭环生态。创新创业教育仅仅依赖于高校自身是远远不够的，创新创业文化和创新创业技能的习得、早期创新创业活动的政策红利与资金来源等都需要完善的社会支持体系为其提供协助。

第六，注重教师队伍的建设，引进具有实际经营或创业经验的人才，并鼓励在职教师参与企业咨询、企业管理等工作，使其积极投身实践。

第七，与国家战略、产业经济、院校优势学科紧密结合，如新加坡创新创业教育的国际化战略制定，日本以区域经济为导向调整教育内容和具体院校的教育设计中对自身特色的融合等。

第八，通常设有统一的创新创业教育管理机构。

（二）国外大学生创新创业人才培养的局限性

1. 过于功利化

在现有模式中，国外大学生创新创业教育在专项、重点教育方面投入的资源往往远远超过通识教育，各国的创业教育模式大多立足于眼前的社会需求，以培养企业家为直接目的。尽管大量的争议仍在于“大学到底是应坚持传统的学术性标准还是新兴的实用性标准”，但就创业教育的本质而言，培养拥有创新意识、创业技能、创业品质的新型社会人才是其重要使命。

2. 个性化定制形式较为单一

在系统化、大规模的创业教育中，对个体差异化的指导较少。尽管现在已有林肯商学院等通过专业的职业生涯管理软件引导学生重视自我评价、开展个性化咨询等教育形式，但是创业教育个性化定制的形式仍较为单一。

第二节　我国大学生创新创业人才培养的现状

在 20 世纪末期，我国对创新创业人才的培养才进入初始阶段。随着市场的进一步开放，各行业的发展水平不断上升和许多新领域的出现，大学生创新创业的激情被激发起来，从而促进了创新创业教育的发展。再加上政府对创新创业教育的高度支持，目前我国的创新创业人才培养已初见成效，并有了自己的发展特点。

一、我国创新创业人才培养的发展历程

我国创新创业人才培养的发展主要经历了三个阶段，即 1997—1999 年的初步发展阶段、2000—2002 年的高速发展阶段、2002 年后的多元化发展阶段，具体如下。

（一）初步发展阶段

1998 年 5 月，清华大学举办了第一届“清华大学创业计划大赛”。这次大赛的举办备受瞩目，也标志着我国大学生创业计划的诞生。这次大赛还催生了我国第一家大学生高科技创业公司 —— 视美乐科技发展有限公司。

（二）高速发展阶段

“挑战杯”的举办标志着我国创新创业教育的发展步入高速发展时期。“挑战杯”是“全国大学生系列科技学术竞赛”的简称，是由共青团中央、中国科协、教育部和全国学联共同主办的全国性大学生课外学术实践竞赛。“挑战杯”竞赛共有两个项目，一是“挑战杯”中国大学生创业计划竞赛，另一个则是“挑战杯”全国大学生课外学术科技作品竞赛。这两个项目的全国竞赛交叉轮流开展，每个项目每两年举办一届。“挑战杯”竞赛始终坚持“崇尚科学、追求真知、勤奋学习、锐意创新、迎接挑战”的宗旨，被誉为当代大学生科技创新的“奥林匹克”盛会。

（三）多元化发展阶段

2002 年以后，创新创业教育在政府政策引导下呈现出多元化的发展状态，各大高校积极为在校学生搭建创新创业平台，推动大学生创新创业教育的实施。

二、我国创新创业人才培养的三大转变趋势

基于对创新创业教育发展历程的回顾和发展规律的分析，可以预测我国的创新创业教育将呈现三大转变趋势：教育制度、教育模式及师生关系的转变。

（一）教育制度的转变

国内外创新创业教育的演化历程表明：保障高校、教师、学生的自主权是创新创业教育成功实施的基础。因此，我国的教育制度也发生了改变，简单来说就是从集权教育制度转向分权教育制度。集权教育制度往往会限制教育的多样发展，不利于创新创业教育的实施，因而，通过宏观调控逐步将教育管理和办学自主权下放至地方和学校，以扩大其教育职责和权限，这在一定程度上可以充分调动办学积极性和创新创业教育的激情。

（二）教育模式的转变

创新创业教育的实施还需要突破传统教育模式，只有启发式教学才能达到推动创新和创业的效果。具体而言，主要从教育途径、教育管理、教育过程三个方面实现转变。首先，教育途径由专注课堂转向课内外并重，也就是将课堂教学与课外实践活动相结合，将单一的理论教学专项理论与实践结合，并在课外实践中激发学生的兴趣和个性。其次，教育管理形式由封闭强制转向开放自主。最后，教学过程由被动转向主动，即让学生从对知识的被动接收、储存和积累转向信息的主动获取、灵活选择，让教师从给学生提供唯一的标准答案转向启发学生举一反三，鼓励学生不断质疑、主动提问，从多方向提出设想方案，并从中进行选择和决策，促使学生自主学习，不断创新。

（三）师生关系的转变

师生关系由权威型转向平等民主型。传统教育强调教师的权威地位，师生之间存在一种天然的指挥者与服从者的关系，教师主导整个学习活动，学生在其中只扮演着绝对服从的角色，显然这种教育关系是不适合创新创业教育的理念的。因此，未来的教育首先会发生改变的就是教育中的师生关系，平等民主的师生关系将成为主流。这种关系是建立在尊重学生个体意识的基础上的。在教育中给予学生充分的尊重，在师生的意见交互、交流沟通中唤醒学生的主体意识和责任意识，使学生不断地主动发现问题并解决问题，有利于学生的创新意识和创造力得到自由成长。

三、我国创新创业人才培养的优势

（一）大学生创新创业激情高

中央电视台曾专门就大学生创新创业作过一次深入调查，参与调查的大学生对于“你想不想自己创业”这个问题，回答想去创业的比例有 79%，已经达到了 4/5。这说明，怀揣着创业梦想的大学生还是占大多数的。①

（二）创新创业领域较宽

当前经济飞速发展，市场正在不断丰富，行业领域也更加多元化，例如高科技领域、AI 智能领域、个人工作室、服装领域、第三方服务咨询、食品加工等都是当前正蓬勃发展的领域。

（三）大学生对创新创业更加理性

大学生对创新创业的理性态度具体体现在对于创业项目的选择上。他们不再盲目地选择市场新兴的或是热门的产业，而是根据自己创新创业的目标来进行行业定位，从而更好地充实自己的创业知识，提高自己的储备创业能力，创造更多的创新创业条件。

（四）国家对创新创业的高度重视

随着对创新创业人才培养这一概念的不断提及，国家对此也表现出了高度重视的态度。为鼓励大学生大胆进行创业，国家制定了许多对大学生有益的政策，给予了一定的扶持，为他们创造了一个重视创业的良好环境，促进了大学生创新创业教育工作的积极开展。

第三节　国内外创新创业人才培养的对比分析

知识和技术在国际竞争中所占的比例越来越重，创新创业人才的培养对国家的发展至关重要。培养创新创业人才的创新创业教育在 20 世纪 70 年代首先从西

① 蒋德勤．大学生创新教育 [M]．北京：现代教育出版社，2012：234.

方发达国家开始起步。随着西方国家对培养创新型高素质人才的重视程度的不断加深，创新创业教育在西方国家得到快速发展。中国的创新创业教育起步较晚，但发展速度较快，得到了政府的大力支持，为建设创新型国家培养了大量的创新创业人才。探究国外创新创业人才培养的特点，并对其进行分析，可为我国创新创业人才的培养和发展提供一定的启示。

一、国外创新创业人才培养的经验

（一）注重培养创新创业意识

在日本，创新创业意识是从小就开始培养的，从小学到大学，创业教育一直发挥着作用。1998 年，文部省和通产省合作在小学开始实施创业教育。例如，利用早上课前的两三个小时搞勤工俭学，给人送报纸、外卖等[①]，使学生在小时候已初具创新创业意识。还有一些小学开设了手工和理财课程来启发学生认识何为创新创业。中学的实践课程会让学生了解一些企业方面的知识，比如在新的课程改革中，在“综合学习时间”内开设“商店街活动”“创业发明大王”“动手练习”等活动和课程，为学生提供了开展模拟创业的广阔空间。大学会有系统的课程来培养创新创业意识和技能，尤其是工程方面的高等专科学校、短期大学，会开展丰富的创业教育活动，助力学生实现梦想。

（二）开发系列课程

在美国，创新创业已经逐渐融入大学的课程之中。美国的大部分大学中，创业教育往往已成为一门专业，或作为某专业的研究方向，甚至一些著名大学还开设了专业学位。例如，加利福尼亚大学、洛杉矶克萨斯大学、科罗拉多大学的创业教育中心建有创业孵化器和科技园，把创业作为学科专业来研究，还开设系列创业课程并开展系统训练，有利于积累创业经验，培养创新人才。其他的著名大学，如芝加哥大学、麻省理工学院、斯坦福大学等也是如此。除高校开设与创新创业相关的课程外，由私人咨询公司、社区和行业协会提供的创业培训研修班也比比皆是。美国对创新创业人才的培养方法经过不断的发展和实践检验，在课程设计和学生实践演练中都有较为长足的优点和经验。例如，通过创业教育，使学生所处地位得到转变，以及对学生的基本创业技能进行培训。同时，逐步形成具

① 陈忠平，董芸．新形势下高校创新创业教育［M］．北京：冶金工业出版社，2019：77.

有专业知识和技能的创业教育培训教师队伍，社会上也逐步建立了比较完善的支持创业教育的制度，如资金、实践场所等。在国外，创业教育是培养创新创业人才的主要途径，其课程多是围绕创新创业理论、实务、实践这三方面进行设置，其培养的创新创业人才有力地推动了社会经济的发展。

（三）分类开展创新创业教育

开展多种类型的创新创业教育，通过示范使创新创业人才获得感性体验，具体表现为家族创业、妇女创业、大型机构的创新和创业、新技术新业态下的创业。另外，多种多样的创新创业竞赛也能使他们获得感性体验。比如美国的创业计划竞赛。创业计划竞赛以比赛的形式为大学生的创业计划提供展示平台，并从众多创业计划中评出优秀的创业计划，给予资金支持，帮助实现这些创业计划。创业计划竞赛将实践与理论相结合，并于竞赛中选出可行的方案。这吸引了很多投资者，使他们既能够看到新的创新计划或产品，也能通过投资创业计划实现资金的增值。创业计划竞赛促使很多创业计划用于实践，转换为实际的商业主体，参与到商业活动中，进而促进了美国经济的发展。

（四）以扎实、深厚的学术研究为支撑

以美国为例，在 20 世纪 70 年代末，创新创业教育开始发展，到 1983 年发展成效显现。在这一年，国家科学基金会承担了一系列发展任务，其目的是将创新创业课程的设置与高校大学生科技创新等实践活动紧密结合，并且在麻省理工学院等四所知名高校的赞助与扶持下，美国国家科学基金会设立了“创新创业中心”和“技术创新研究中心”等。1985 年以后，工程教育和研究更是得到美国国家科学基金会的重视，这大大推动了高校创新创业教育的发展，培养了一批具有创新创业意识的人才。此外，美国的师资力量雄厚，而师资队伍的建设是培养创新创业人才的关键。建设具有高素养、高能力的教师队伍可以极大地促进人才培养目标的实现。在美国，很多在经济领域颇有成就的人纷纷被众多大学的商学院聘请为教授。这些教授都是创业成功的人，他们在观察、计划、决策、执行上的能力很强，在应对创业领域实践发展趋势、创新创业教育社会需求变化等方面具有敏锐的嗅觉。不仅如此，那些拥有丰富创业经验的金融风险投资家、市场创业家、社会实业家等也会常常参加大学生创新创业实践项目，虽然不是长期的，但他们所讲的内容、分享的经验能为创新创业人才的培养提供有益的帮助，并指明方向。

（五）直接激发创新创业活动

在创新创业活动中，创业资金是影响活动的重要因素。在美国，政府、企业、学校为大学生创业融资提供了很好的渠道，并以设立基金的方式来促进创业。这些基金为具有创业想法的学生提供支持和平台，一般采用的是支持、主办和赞助创业竞赛等。除了政府投资，民间资本也会涌入创业教育中，为创业教育提供资金支持。此外，校友也可以激发创新创业活动。校友是创业教育的重要资源。一般情况下，高校会通过对优秀校友资源的利用，来为创新创业人才的培养提供资金、技术和实践基地支撑。创新创业人才在进行创业活动时会建立大量公司，这同样有利于社会经济的发展。

二、我国创新创业人才培养方面存在的问题

在比较国内外创新创业人才培养方式的过程中，不难发现我国高校特别是一部分研究型大学虽然已开始注重创新创业教育，且已经有了一定的进步，但一些问题仍旧存在，并且已经影响到创新创业教育实施的实际效果。

第一，学科归属不明确。当前有部分大学将创新创业教育归属于现有的技术经济学或企业管理学，创新创业教育呈现出被边缘化的趋势。

第二，课程的体系化程度有待提升。我国高校主动开设的关于创新创业的课程相对较少，而将二者结合的就更少了，且体系化程度不够。

第三，在教学方式上，理论教学多于实践教学。

第四，教学对象因学校而异。一些高校侧重于本科生教育，另一些高校则侧重于研究生教育，而高职院校则较为注重学生的创新创业教育。

第五，教学内容因师而异。同样一门课程，受到多种因素影响，由不同的老师授课，其内容就会有所不同。

第六，支撑教学的创新创业学术研究有待系统化和深化。

创新创业人才的培养方式是依靠创新创业教育进行的，而我国对创新教育领域的研究，目前主要集中在创新的激励机制、突破性创新、新兴技术管理、复杂技术与产品创新、模仿与自主创新、技术导入与技术学习及技术内化、技术战略、创新战略、创新联盟、商业模式创新、产业创新体系等领域。与国外的创新教育相比，我国还缺少对企业创新体系、创新流程管理等方面的探索。我国对于创业教育领域的研究，目前的重点偏向于创业活动筹划、新创企业的治理结构、

投资者与创业者的信任关系、创投公司的治理结构、投资者的项目与团队选择、连锁经营机制、新创企业风险管理、企业成长性评价等方面，与国外的创业教育研究相比，还缺少对社会创业体系、新创企业成长管理等方面的研究。

三、借鉴国外创新创业人才培养的经验

在对比分析国外培养创新创业人才的经验和国内培养创新创业人才存在的问题后，在培养创新创业人才方面要借鉴国外的经验时，要认清创新教育与创业教育的关系，树立正确的创新创业价值观，推进校企合作建立创业研究中心，发展培养创新创业意识的终身教育，推进创新型国家的建设进程。

（一）认清创新教育与创业教育的关系

在培养创新创业人才之前，要认识创新与创业的关系，认识创新教育与创业教育的区别。创新是创业的前提和基础，创业是创新的拓展和应用，创新过程也包含创业，理解创业更有助于创新。创新教育是培养学生实现新想法的能力，而创业教育是培养学生在商业环境中应用创新能力。因此，创新教育的范围更广，广义的创新教育包含创业教育。

英国在2019年发布了高校《创新创业教育框架》。《创新创业教育框架》的专家委员会主席安迪·培纳鲁纳认为，高校开展的每一门学科都有它存在的原因，每一门学科培养的专业能力的针对性都很强，且每一门学科都有合适的培养方式。比如，培养表现力、感染力显然是表演专业的特长，因为演员在演戏时，观众会不自觉地将自己的想法带入情景之中。创新能力适合在与艺术和设计相关的专业培养，创业教育适合在商学院培养。虽然商学院的教育模式（创业教育）为创新教育贡献了很多，但与多样化的创新教育集合相比，过度依赖商学教育的想法显然是不对的。

在认清创新教育和创业教育两者关系的基础上，英国的《创新创业教育框架》给我们最深刻的借鉴启示是，创新创业教育应当回归“培养创新能力”的本质。当前，一些从事教育行业的人过于注重学生创业这个指标，而忽视了培养学生的创新能力，这背离了创新创业教育的初衷。高校应将培养学生的创新能力作为创新创业教育的出发点和落脚点，继而探索多样化的教育方式。

（二）树立正确的创新创业价值观

培养创新创业人才，要与社会发展相适应，要服务于社会发展。人才的培养离不开教育的作用，要重视创新创业教育的发展，树立正确的创新创业教育价值观。创新创业教育作为一种独特的教学法，是在方法论层面对教育方式和学习范式的一种革新，重在培养学生可迁移的创新思维，支持学生在品质、能力与行为方面的发展，从而对他们将来的职业成功产生重大影响，进而为国家经济、社会与文化增添价值。高校开展创新创业教育不仅是为了增加就业和发展经济，更是为了培养学生的价值观和家国情怀，使创新创业活动具有超越经济的意义。因此，创新创业教育是高校通识教育的有机组成部分，应面向全体学生。

在创新创业教育中，高校要树立正确的创新创业教育价值观，这有利于在育人理念上实现从就业教育向创新创业教育的转变，从而将创新创业教育纳入人才培养方案，使所有学生都能接受创新创业教育。高校还应将创新创业教育融入人才培养过程，力求与专业教育相结合，以创新创业教学范式的转变作为突破口，推动人才培养模式的深刻变革，提高我国创业教育的质量，使培养的创新创业人才在今后的发展中着眼于长远，并能更好地适应未来变化，以期为我国建设创新型国家提供人才智力储备。

（三）推进校企合作建立创业研究中心

培养创新创业人才的创新创业教育的改进和发展不是能在短期内完成的，也不是只需要高校的努力，它需要高校、政府、企业等组织联合起来，为创新创业人才的培养提供全方位的支持。2018 年《国务院关于推动创新创业高质量发展打造“双创”升级版的意见》指出，要健全科技资源开放共享机制，推动高校、科研院所与企业共同建立概念验证、孵化育成等面向基础研究成果转化的服务平台。建立创业研究中心，打通了政策落实的“最后一公里”。以研究中心的组织形式整合学校和企业资源，把科学研究、社会服务、创新创业人才培养和国际化紧密结合，目标是开展面向全球市场、国内社会和市场需要的科学研究项目，促进企业二次创业，提升企业竞争力。

创业研究中心能将企业和高校联合起来，由依托单位提供场所，配备行政服务人员、科研人员采取项目驱动、动态管理的方式。企业提出具体的项目主题后，由企业和高校在创业研究中心的相关人员进行研究，研究结束后研究人员撤出创业研究中心，研究成果由企业负责孵化并进入市场。这样，高校的科研项目因为有企业的市场需求作引领，因而创新成果市场接纳度高，可以快速落地，既可以增强企业的竞争力，又可以激励高校科研人员。同时，产品市场化的过程也是高校学生最好的学习和实践方式。

（四）发展培养创新创业终身教育

我国高校在探索创业教育的过程中，有的直接借鉴国外的创业教育方法、手段和课程，有的借鉴国外经验并结合了学校的特点。这些先行探索的高校形成了各具特色的创业教育模式，都形成了比较成熟的创业教育课程体系，并取得了不错的效果。例如清华大学、复旦大学、南开大学、华东师范大学、大连理工大学等，这些高校拥有专业水平高的师资队伍和强大的校友创业圈，它们开发的课程既有理论高度又有鲜活的实践案例，是大学生学习创业的最好资源。

然而值得注意是，虽然我国高校创新创业教育的发展走势较好，但创新创业人才的培养不是在短期内就能完成的。如果创新创业教育能融入中小学教育中，就能让学生早点接触到创新创业教育，这会对创新创业人才的培养产生更为深远的影响。当前，创新创业教育在我国的大部分高校还没有贯穿其教育培养的全过程，只是一种阶段性教育。从 2018 年开始，“互联网 +”大学生创新创业大赛新增了“萌芽板块”，将创新创业大赛的参赛范围延伸到中学。我们应将此作为契机，通过长期规划将创新创业教育延伸成为终身教育，让孩子从小就感受到创新的魅力，引起学生对创新的兴趣，为之后创新创业人才的培养打下坚实的基础。

第二章

大学生创新创业人才培养的目标与策略

要想对大学生创新创业人才培养体系进行具体的构建，除了参照国内外大学生创新创业人才培养的情况外，还需要了解创新创业人才培养的相关科学理论，明确创新创业人才培养的目标定位，并提出相应的总体策略。本章即对上述几个方面进行详细论述。

第一节　创新创业人才培养的科学理论

一、人力资本理论

（一）人力资本的概念

人力资本也被称作非物质资本，与物质资本相对。它是源于西方的经济学概念，最早的文字记载可以追溯到柏拉图的著作《理想国》。首个将人力看作资本的学者是经济学鼻祖亚当·斯密。人力资本是指对人的投资，主要表现在劳动者身上，如劳动者的受教育程度、健康状况、技能掌握情况等。它和物质资本一样，对社会经济起生产性作用，从而使国民收入和劳动者收益增加。对人力资本概念的阐释通常从三个方面进行。

一是从人力资本的内容上看。美国著名经济学家舒尔茨曾指出，人的知识、能力、健康等人力资本的提高对经济增长的贡献远比物质、劳动力数量的增加重要得多。在认同此观点的基础上，有的学者从劳动者个体角度出发，将人力资本定义为劳动者自身和拥有的知识、健康状况以及技能、能力的总和。还有学者认为，从社会角度出发，由于国民良好的道德素质、美好的信誉和和谐的社会关系可以有效节约个人与社会的交易费用，因此，上述内容也应该包含在人力资本范围之内。

二是从人力资本的形成上看。贝克尔提出，人力资本是通过人力投资形成的，这些人力投资主要用于增加个人资源、提高个人未来的消费与购买能力等方面，因此，人力资源不仅包括个人的知识、技能、能力，还包括身体素质和健康状况等。将此观点作为依据，有学者指出，人力资本是指人们在教育、职业培训、健康、移民等方面的投资所组合形成的资本。

三是将人力和资本结合在一起看。《新帕尔格雷夫经济学大辞典》指出，作为现在和未来产出与收入流的源泉，资本是一个具有价值的存量。人力资本是体现在人身上的技能和生产知识的存量。因此，有学者提出，人力资本是指依附于劳动者、在劳动者身上体现出来的诸如知识、技能和能力等要素的具有增值性的价值存量。

切入的角度不同，对人力资源的理解就会不同。当代社会所说的人力资本是指存在于人体之中的具有经济价值的知识、技能、体力等质量因素之和。

（二）人力资本的基本特点

人力资本是一种无形的资本，它依赖主体的存在。人力资本的载体是人，是通过人力投资形式形成的凝固在劳动者身上的价值，与其所有者不可分离。所有的知识、技能、思想、价值观念都与人的存在息息相关，都依附于人的存在。同时，人力资本的价值量和新增价值的创造，只有在劳动和劳务过程中才能得到体现。

人力资本能自觉主动地作用于外部世界，它在社会经济发展过程中具有能动性。这可以从两方面体现出来：一方面，物质资本、货币资本价值量的实现和创造必须通过人力资本的操作；另一方面，人力资本可以创造出超出自身价值量的经济效益。

人力资本不是永远存在的，它是有时间限制的。人力资本与物质资本不同，它具有一维性。要及时合理地利用人力资本，否则随着时间的消逝，它的价值会逐渐减小直至没有。通过教育、培训等方式进行投资而形成一定的人力资本存量，将其投入社会再生产，就可以产生收益，发挥效用；未及时开发或再造的人力资源，不仅难以成为社会发展的有生力量，而且还会成为拖累经济发展和社会进步的累赘或包袱。

人力资本会随着社会的发展而发生变化。在科技创新深入发展时，人力资本的存量、增量及其构成要素的价值都将处于不断变动之中。从主观上看，劳动者磨炼自己、提高技能、踊跃参与实践，在潜心钻研中有所发现和创新，其存量和增量就会不断扩大，价值就会不断增值。从客观上看，外部要素投入是动态变化的，投入量多，人力资本的存量就会增多；反之，就会减少。因此，人力资本随着内外部因素的变化而变化。

（三）人力资本与社会发展的关系

在 1929 年到 1957 年的这段时间，舒尔茨做了一个实验，该实验以影响美国社会发展的原因分析为中心。研究结果显示，美国经济的发展有将近四分之一的功劳来自教育的快速发展，即人力资本投入的积累。人力资本投入的数量和质量所达到的人文生态的综合水平，反映了社会安全和发展指标的增长水平。可以说，社会发展水平的高低也体现在人力资本存量的增长方面。

在人力资本上的投入会影响社会的发展水平。人力投资包括医疗保健、正规教育、在职培训、技术推广和就业迁移五个方面。这五个方面又可以精简为三个方面，分别是医疗保健、教育和人口迁移。从社会发展的角度来看，这三个方面也是社会发展的重要指标。

在医疗保健上进行投资极大地保障了社会民生的发展。它体现在劳动者的健康上，有利于提升劳动者的工作状态和持续工作的能力，有利于劳动者身心的快速恢复，有利于其技能的稳定发展以提高劳动效率，有利于降低劳动者的患病率和缩短治疗疾病的时间，从而节省卫生资源和成本。这些都可以转化为资本积累。简而言之，在医疗保健方面进行投资是一种具有投入产出机制的生产性投资，不仅能直接促进经济增长，还能将消费资金转化为积累和储蓄，加快经济建设，促进社会发展。

对教育进行投资，有利于提升教学水平，提高人才培养的质量，让人们获得更多的知识和选择，从而服务于社会经济的发展和国家的建设。在这一背景下，个体为增加自己的知识储备，可以通过“消费”来获取受教育的机会，从而提高自身的资本，并在经济增长的基础上为社会发展作出贡献。

对人口迁移进行投资，在一定程度上加快了行业和地区间的人口流动，有利于劳动力在各地区各行业的发展。在投资过程中，劳动力可以选择支付一定的资金或者时间，去获取知识和技能，在不断提高自己能力的同时，也能适应行业发展的要求，增强自身的就业竞争力。这样，劳动者在满足国民偏好、实现更高预期收入的同时，也提高了生活水平，促进了社会的全方面发展。

二、生态系统理论

（一）生态系统理论的概念

1979 年，美国的著名生态心理学家布朗芬布伦纳提出了生态系统理论。这个理论认为环境在人类的成长过程中发挥着重要作用，自然环境可能对人的个体行为和心理发展产生巨大影响。布朗芬布伦纳认为生态系统中的个体之间是相互联系和相互影响的，同时也是相互作用的，不同个体共同构成了稳定的生态系统，保证该系统的营养均衡和良性互动，而个体也在这种环境中不断地进步和发展。①

美国的扎斯特罗教授和阿什曼教授在 2004 年合作出版了《人类行为与社会

① 姚远，冉玉嘉．高校创新创业教育生态系统构建研究［M］．成都：四川大学出版社，2019：69.

环境》一书。在该书中，他们认为个人的生存环境是一个完整而复杂的生态系统，可以分为三种基本类型：微观系统、中观系统和宏观系统。微观系统是指处在生存环境中的看似独立的个人；中观系统作为微观系统与宏观系统之间的桥梁，影响着微观系统中各主体之间的相互作用，同时也为宏观系统提供物质基础；宏观系统作为一个涵盖微观系统和中观系统的大规模系统，可以说是微观系统的延伸，间接地影响着微观系统中个体的行为与发展。生态系统理论强调的是多重环境试图通过调整人与环境之间的相互作用，来影响人类的行为和发展，以使人类更好地与其所在的各种层级的环境协调互动。

（二）生态系统与创新创业人才培养的关系

创新创业人才培养的主要途径是创新创业教育，运用生态系统理论来研究创新创业教育，可将创新创业教育过程看作一个整体。在这个整体中，微观系统是教学，它直接作用于学生。中观系统是教师，是进行教学活动的主体之一，是传递知识、解答学生疑惑的人，最终将影响课堂上学生的学习效果和教学的进度。宏观系统是政策、文化和资金，虽然这两者没有直接影响到课堂，但会间接影响教学课程的制定和发展，例如政策会影响创新创业教育的课程构成，文化也会从宏观上指导创新创业课程的发展方向。同时，为了使创新创业教育更加活跃，我们还必须关注资金对其的影响。

1. 微观系统——教学

课程是整个创新创业教育生态系统与学生之间最直接的联系。创新创业教育目标的实现依赖于开展多种形式的课程，使学生全面发展。这些课程包括计划书写作能力培训课、个人能力培训课等，它们直接影响到学生，有利于学生获得在理论和实践上的知识和经验，实现理论知识同实践能力的结合，把创新创业教育的作用充分发挥出来。具体的实施方案是在人才培养方案中加入与创新创业教育相关的内容，完善创新创业教育教学课程体系，重塑学生的知识架构，增强学生的文化素质和实践能力。

学校希望培养出具有牢固扎实的专业知识基础、较强社会意识责任感以及一定实践能力和创新创业能力的创新创业型专业人才，同时将“以学生为本、以师德为先、以能力为重、以终身学习为典范”的理念贯穿教育教学全过程，提高学生的创新创业能力和创业热情，以实现创新性教育。要想完成培养目标就要创新培养方法，发掘学校特色，将学校特色与教育发展和经济社会对人才的需求结合起来，设计专业人才培养方案，使其能打破传统，有利于社会发展。

因此，学校在制定总学分时应考虑增设素质教育方面的学分，使学生在学习理论知识的同时，多进行实验，以提高他们参与科研活动的积极性。另外，也要鼓励学生多参与创新活动和一些竞赛，培养学生的创新创业意识和能力，从而提高学生的实践能力和团队合作意识。除此之外，学校还可以增加创新创业教育必修和选修课程，并协调好选修课程和必修课程所占学分比例，同时，在人员培训计划的总学分中提高创新实践和实验学分的比例。

2. 中观系统——教师

作为中观系统，教师以讲课的形式将课程内容传递给学生。从事创新创业教育的教师应参加过创新创业实践活动，储备大量与此相关的理论知识，并在教学过程中将理论知识与自身的实践经验联系起来，将知识生动地教授给学生，从而提高学生的创新创业敏感度，将创业思维根植于学生的思维中。为了更好地让学生理解所获取的理论知识，从事创新创业教育的教师还应该带领学生参与真实的市场，因地制宜、因材施教，提高学生的创新创业能力。高校还可以成立专门的组织机构作为创新创业教育的“引领人”，这样一方面有利于处理日常事务，另一方面也会促进创新创业教育的开展。

同时，高校可以与学生的创新创业社团联合起来，给社团提供一些创新创业的实践机会，这有利于学生积累丰富的实践经验。高校还可以聘请优秀教师，开展创新型创业实践课程，让教师运用自身优秀的教学能力来带领学生进行创新创业实践，进一步提高学生的科研水平和创新水平。利用好学生实验班。实验班的招收对象最好为大学三年级的学生，因为这个时期的学生有足够的理论知识储备，同时也有一定的创新思维，教师可以根据他们的能力制订相应的创新创业培训计划，指导学生参加校级、省级和国家级的创新创业实验项目。

3. 宏观系统——政策、文化、资金

当今社会，新兴产业不断兴起，信息传播速度极快，每个人都可以去创业。在此背景下，政策无疑发挥了巨大的作用，这吸引了一些学者对其进行深入研究。政策可以引导和激励高校开展创新创业教育，明确培养什么样的创新型和创业型人才，以保障创新创业教育的顺利开展。很多发达国家强调并且高度重视对创新创业的政策引导，通过不断跟踪创新趋势，来保持国家创新创业的活力。无论是美国、日本，还是瑞典，都发布了一系列鼓励创新和创业的政策，并设立专门机构专注于大学的创新和创业，以促进科研成果的产业化。

从宏观上来看，政策是国家各级教育机构和组织系统有机构成的各种规范、规则的总和。从微观上来看，政策是一些学校开展教育活动的规则和规范。教育体系的建设和创新是推动创新和创业教育的关键环节。以制度的形式规范人才培养过程，保证合作教育机制的建设和运行，有利于提高学生的创新能力，培养学生的创新思维，丰富学生的实践经验。

文化作为一种软实力，是一个民族或一个国家发展的基础，创新创业人才的培养能从中汲取养分。学校应该从自身需求和发展出发，通过开展各种特色活动的方式来营造创新文化氛围，为培育学生的创新意识奠定基础。

资金是创新创业人才培养生态系统中的衍生元素，为创新创业人才培养的正常运作提供了支持。为了降低创新创业教育的难度，应加大对创新创业教育的资金支持。政府和社会可合力为大学生创新创业提供资金支持，扩大学生创新创业的资金来源，保证创新创业活动顺利进行。资金支持是促进高校创新创业教育、帮助学生创业的必要保障。

三、相关教育理论

（一）主体教育理论

主体教育理论是指依靠主体来培养主体的教育，它强调学生的主动性和创造性，终极目标是使每个人得到全面、自由、充分的发展。它是创新创业人才培养的基础理论，其具体内容可以从以下三方面来理解。

1. 教育主体

教育本身具有自我能动性和相对独立性，这种开发式的独立性与社会、企业组织和个人有着全面联系，同时又随着现代化教育理念的发展不断加强，它对教育本体提出了新要求，要求教育过程符合教育发展规律，不能只传授书本知识，也要使教育与社会发展、企业人才需要相联系，实现受教主体的自我发展。

2. 受教主体

受教主体是指接受教育的主体，即学生。学生个体的身心全面发展和个性化发展永远是在外部环境与教育因素作用下自我主观能动性的充分发挥，因而主体教育理论等其他现代教育观的核心便在于，将对学生的培养放在社会发展的大环境之中，充分挖掘其潜能，确认其主体地位，而不是将其作为社会的客体来被动塑造。

尊重学生的主体地位，必须认识到学生是教学过程中的主要参与者，学校和教师服务于学生。要发挥学生的主体能动作用，充分调动学生主动学习的积极性，将学习的主动权还给学生，并加强其学习的责任感，以主体性发展带动其各方面发展。当学生主体能独立生活、独立学习，并追求独立研究能力的增长时，他们就已成为当代社会发展需要的创新型人才。

3. 施教主体

施教主体是指学校和教师群体。在教育过程中，教师是施教主体，相比学生，其想法成熟、行为有逻辑、知识储备丰富，主体性更为完善和强烈，但并不能将二者的关系理解为主动和被动或主体与客体的关系。主体性教育理论首先要求确立施教者的主体地位，只有具有完全主体地位的教师，才能教育出具有丰富主体精神的学生，其中检验教师主体地位的标准在于其学生是否充分发挥了主体性。

从价值论角度看，主体教育理论作为一种教育价值观，是从人作为社会生活主体的角度来理解教育的本质和功能的，它强调教育的最高价值是人类本身，并体现了人性论中学生作为成长主体会具有一定的主体性，同时还需在受教过程中不断培养和提高的观点。主体教育理论强调将学生当作未来社会的主体来培养，要发挥他们的主体作用，以培养具有高创造能力的人才。此外，该理论还以某种教育形式在很大程度上弘扬了人的主体性，并以促进人类个体及整个人类社会的发展为依据，来对其作出价值判断。①

（二）个性教育理论

自 20 世纪 80 年代以来，尊重和发展个性已成为全球教育领域在改革中遵循的主要原则之一，绝大部分国家都已将它融入教育现代化中，是教育现代化的标志和方向。个性化教育已成为当今世界性的教育思潮。主体教育注重培养主体的主观能动性，个性教育注重受教主体的个体发展。每个人会由于遗传特征、性格倾向、所处环境、所受教育、成长过程及自身努力程度等因素的影响，存在个体差异；个性化教育承认受教者，即学生个体在智力、思维、心理、情感、生理和社会背景等各个方面所存在的这种差异性，并依据这些个别差异和受教者的身心发展规律，通过在教育的各个层次中体现其良好鲜明的个性，有针对性地制订因

① 郭志辉．大学生创新创业教育研究［M］．成都：电子科技大学出版社，2016：4.

人而异的教育方式和内容。个性化教育的开展，在一定程度上促进了受教者的个体发展，使他们形成良好的个性。另外，这也有利于受教者其他能力的培养，如创造力、想象力、联想力、逻辑能力等，可以实现学生的全方位发展。

个性教育理论要求施教者善于寻找和尊重每个学生优良的独特个性和素质，使之得到创造性的自由发展，并能抑制和克服学生的不良个性品质，突破了以往的教育观念，注重因材施教，使学生的发展个性化、多样化、特色化。同时也重视学生创造力的培养，发掘他们的天赋和潜能，鼓励他们发展自己的兴趣和特长，从而为社会作出更大贡献，并且最大限度地实现个人价值。

个性的发展同主体性、自主性一样，是产生创造性的基础。教育的目的是培养出促进社会发展的具有创造力和个性的人才。单调统一、毫无特色可言的教育模式会抑制创新欲望的产生，无法提高创新能力，甚至导致刻板、没有创造力的行为模式。传统的教育模式过于注重理论知识的传授，把学生的考试成绩放在首位，忽视了学生的爱好和特长，将升学作为唯一目标，不注重学生的个性发展，甚至扼杀学生的特质，不符合学生的个性化发展规律和社会发展的需要。社会发展日新月异，科学技术不断进步，对人才的要求有了更高的标准。在此情况下，只有充分培养学生的个性化才能，才能满足社会生产、生活等各个领域发展的人才需求。

创新创业教育对创新创业人才的培养至关重要，并且它对独特个性的尊重尤为重视，因而只有以个性教育理论为依据和基础，从学生的个性发展出发来设计教育内容、模式、方法和制度，培养学生的独立人格、充分发掘学生个体的聪明才智和个性才能，才有可能发挥其原本优势，使学生能更自觉、更充分、更主动地全面提升自身的整体素质，使教育不断创新教法、更新观念，培养出更多社会发展所需人才，以适应未来社会的竞争。

（三）全面发展教育理论

马克思在自己的著作中曾提出过关于“人的全面发展”的观点，用这个观点来分析我国的教育发展过程，可以看出我国社会主义教育的主要目的就是促进学生的全面发展。全面发展教育理论成为我国教育改革的主要指导方针。理解人的全面发展可从两方面进行。一方面是指人的脑力劳动与体力劳动相结合，以实现通常所说的德育、智育、体育、美育和劳动技术教育的全面发展；另一方面是指一个完整个人所具有的才能和品质都能得到和谐充分的发展。社会的发展是全方位的发展，需要多种多样的人才参与，其中掌握的技能和知识越多，越能满足社会的发展需要。结合个性化教育理论，由于每个人会具有一定的差异性，因而在教育过程中，针对处于同一发展阶段的受教主体，既要考虑全面发展的共性和相似性，又要结合各自的个性差异。

以往的教育观念过于重视教师的作用和学生的测试成绩而忽视了学生的个性发展，教师将知识“灌输式”地教给学生，将学生当作是没有想法和判断力的“容器”。教师在教学过程中，将自己的喜好带入其中，这必然影响学生潜能的发掘和全面发展的实现，同时还会严重遏制学生创新能力的提升。而全面发展教育理论则要求学校及教师着眼于学生的发展，遵守学生的身心发展规律，通过各种教学方式为学生的全面发展提供条件、创造环境，使其在学习和掌握各类知识的同时，形成自我养成的习惯，并通过有效的社会实践和训练，促使学到的知识逐渐内化为其自身相对稳定的思维方式和行为习惯，达到理解和运用知识的目的，并最终促使其实现个体全面发展，成为能够适应未来社会发展的会生存、善学习、勇于创新的复合型人才。因此，从这方面来看，个性教育与全面发展教育并不是处于对立面的存在，前者是后者的题中应有之义，将后者以一种更高层次的方式表现出来。两者是相互联系、相互补充的，并形成个人、个性的全面发展。只有这样，才能促使学生在发展个性才能的同时，实现整体素质的提高。

教育模式和教育理念的不同可能会加快创新能力的培养，也可能会抑制创新能力的培养。在培养创新创业人才时，要在注重受教者可持续发展的基础上，实现其有个性差异的全面发展，不仅要促进其在德、智、体诸方面得到较全面的发展，还要结合其自身个性特点，促进他们获得相对于自身而言最好的发展。具体来说，就是在培养创新创业人才时，不仅要考虑到如何增强他们的创造精神和创造能力，还要考虑这种创新是否符合社会发展的需要，创造出的成果是否能运用到社会生活中。另外，在知识文化的传播过程中，不要因现有的观念压抑其个性化想法；在鼓励其发挥天赋、兴趣和能力时，不助长其盲目的个人主义；密切关注每个施教者的独特性，不忽略创造和创业意识的培养。总之，创新创业人才的培养离不开创新创业教育，而创新创业教育是在这些深刻和丰富的理论基础上形成的一种反映时代特征的教育理念和模式，并成为指导我国当前高校教育改革实践的方针和依据。

第二节 大学生创新创业人才培养的目标定位

总体来说，大学生创新创业人才培养的目标是提高所培养人才的创新创业素质，这在总体目标中有着集中体现，并反映到实际的教学内容、教学方法、课程体系、考核方式以及相关的教学管理中。

一、大学生创新创业人才培养的总体目标

（一）坚持育人为本，提高培养质量

把深化高校创新创业教育改革作为推进高等教育综合改革的突破口，树立先进的创新创业教育理念，面向全体、分类施教、结合专业、强化实践，促进学生全面发展，提升人力资本素质，努力造就“大众创业、万众创新”的生力军。

（二）坚持问题导向，补齐培养短板

把解决高校创新创业教育中存在的突出问题作为深化高校创新创业教育改革的着力点，融入人才培养体系，丰富课程、创新教法、强化师资、改进帮扶，推进教学、科研、实践紧密结合，突破人才培养薄弱环节，增强学生的创新精神、创业意识和创新创业能力。

（三）坚持协同推进，汇聚培养合力

把完善高校创新创业教育体制机制作为深化高校创新创业教育改革的支撑点，集聚创新创业教育要素与资源，统一领导、齐抓共管、开放合作、全员参与，形成全社会关心支持创新创业教育和学生创新创业的良好生态环境。

二、大学生创新创业人才培养的具体目标

（一）完善人才培养质量标准

制定实施本科专业类教学质量国家标准，修订实施高职高专专业教学标准和博士、硕士学位基本要求，明确高职高专、本科、研究生创新创业教育目标要

求，使创新精神、创业意识和创新创业能力成为评价人才培养质量的重要指标。相关部门、科研院所、行业企业要修订专业人才评价标准，细化创新创业素质能力要求。不同层次、类型、区域的高校要结合办学定位、服务面向和创新创业教育目标要求，制定专业教学质量标准，修订人才培养方案。

（二）创新人才培养机制

实施高校毕业生就业和重点产业人才供需年度报告制度，完善学科专业预警、退出管理办法，探索建立需求导向的学科专业结构和创业就业导向的人才培养类型结构调整新机制，促进人才培养与经济社会发展、创业就业需求紧密对接。深入实施系列“卓越计划”、科教结合协同育人行动计划等，多形式举办创新创业教育实验班，探索建立校校、校企、校地、校所以及国际合作的协同育人新机制，积极吸引社会资源和国外优质教育资源投入创新创业人才培养。高校要打通一级学科或专业类下相近学科专业的基础课程，开设跨学科专业的交叉课程，探索建立跨院系、跨学科、跨专业交叉培养创新创业人才的新机制，促进人才培养由学科专业单一型向多学科融合型转变。

（三）健全创新创业教育课程体系

各高校要根据人才培养定位和创新创业教育目标要求，促进专业教育与创新创业教育有机融合，调整专业课程设置，挖掘和充实各类专业课程的创新创业教育资源，在传授专业知识的过程中加强创新创业教育。面向全体学生开发开设研究方法、学科前沿、创业基础、就业创业指导等方面的必修课和选修课，纳入学分管理，建设依次递进、有机衔接、科学合理的创新创业教育专门课程群。各地区、各高校要加快创新创业教育优质课程信息化建设，推出一批资源共享的慕课、视频公开课等在线开放课程。建立在线开放课程学习认证和学分认定制度。组织学科带头人、行业企业优秀人才，联合编写具有科学性、先进性、适用性的创新创业教育重点教材。

（四）改革教学方法和考核方式

各高校要广泛开展启发式、讨论式、参与式教学，扩大小班化教学覆盖面，推动教师把国际前沿学术发展情况、最新研究成果和实践经验融入课堂教学，注重培养学生的批判性和创造性思维，激发创新创业灵感。运用大数据技术，掌握不同学生的学习需求和规律，为学生自主学习提供更加丰富多样的教育资源。改革考试考核内容和方式，注重考查学生运用知识分析、解决问题的能力，探索非标准答案考试，破除高分低能积弊。

（五）改革教学和学籍管理制度

各高校要设置合理的创新创业学分，建立创新创业学分积累与转换制度，探索将学生开展创新实验、发表论文、获得专利和自主创业等情况折算为学分的方法，将学生参与课题研究、项目实验等活动认定为课堂学习。为有意愿有潜质的学生制定创新创业能力培养计划，建立创新创业档案和成绩单，客观记录并量化评价学生开展创新创业活动情况。优先支持参与创新创业的学生转入相关专业学习。实施弹性学制，放宽学生修业年限，允许调整学业进程、保留学籍休学进行创新创业等。设立创新创业奖学金，并在现有相关评优评先项目中拿出一定比例用于表彰创新创业的优秀学生。

第三节　大学生创新创业人才培养的策略选择

创新创业教育要想取得积极健康的发展，其关键还在于人才培养的质量提升。因此，创新创业人才教育务必始终坚持“以人为本”的教育原则，不断丰富和完善有关创新创业人才培养的方法和途径，从而保证个体和社会的长足发展。

一、创新创业人才培养的基本策略

创新创业是一个风险与收益并存的社会行为，有时它能帮助创业者迅速获得成功，但有时即使创业者付出巨大的努力也收获甚少，因此，高校在对学生开展创新创业教育活动之时，还要让学生树立正确的创业观，让他们正确认识创新创业。具体来说，创新创业的价值观主要有三种，其一是纯粹的经济利益观，其二是自我价值观，其三是社会责任观。这三种价值观在现实社会中一般是相互交融、共同存在的。

创新创业教育首先需要帮助学生培养辨识能力，帮助他们认清哪些事情可以做，哪些不能做，并且积极鼓励学生从事正确的事业，通过诚实的劳动获得经济回报。其次，引导学生树立远大目标，在满足初级的经济、自我价值需求后，还需要向高层次的社会责任需求上过渡。例如乔布斯等优秀企业家，他们就同时实现了经济价值、个人价值和社会价值。最后，创新创业教育还需要培养学生勇于挑战、不惧失败的精神。创业之路往往伴随着挫折与失败，要提升学生的创业品格和抗击打能力，让他们在艰辛的创业之路上有坚持不懈、勇往直前的意识，不能在一次失败后一蹶不振，自暴自弃。翻看乔布斯等人的成功案例就会发现，他们的成功也是从失败开始的，只有经历无数挫折和失败仍旧意志坚强，才能走向最终的成功。

（一）加强创新创业法律教育，防止学生误入歧途

市场经济本质上是法治经济，因此，要加强学生对创新创业法律教育的学习。只有熟悉并遵守市场规律和社会法律的创业者才能被市场接纳，得到发展机遇。因此，对于缺乏社会经验的大学生创业者而言，加强创业法律教育是学校创新创业教育十分重要的任务。创新创业法律教育有三大作用，即提高创新创业竞争力、降低创新创业风险、避免学生误入歧途，具体如下。

首先，创业法律教育能提高学生创新创业的竞争力。市场经济具有法制性，法制性一方面给市场主体带来管控和约束，要求市场主体在进行经济活动时必须积极遵守相关的法律条规。如果一个创业者在完全不了解法律法规的情况下进入市场，极可能会引起不良的法律后果，将会付出巨大的代价。另一方面，法制性也能给市场主体带来发展机遇。法律是我国政府调节市场经济的重要手段，通过相关法律的制定与颁布，创业者可以迅速发现国家的鼓励倾向，并从中获得商机。国家对于大学生创新创业出台了一系列税收减免、贷款等方面的优惠政策，如果了解这些政策，就能很好地解决大学生创新创业普遍存在的问题，提升自身竞争力，打响创业第一枪。

其次，创业法律教育能有效降低创新创业的风险。创业活动中，创业主体面对着各样的法律风险，有时法律的风险远远大于市场本身的风险。因此，想要提高创业的成功率就要尽可能掌握降低法律风险的有效途径。规避风险的前提是充分全面地熟悉相关法律。尤其是大学生创业者本身就存在资金薄弱、规模小等问题，如果不能有效规避法律风险就可能直接导致创业失败。因此，只有通过系统的创业法律教育，帮助大学生创业者提高预防风险和解决纠纷的能力，才能有效提高创业的成功率。

最后，创业法律教育能避免学生误入歧途。市场是复杂多变的，如果大学生在创业前不了解相关法律知识，也不具备良好的法律修养，就很可能误入歧途，甚至走上违法犯罪的道路。

有人认为，中规中矩的创新创业并不能寻找到商机，很难成功，因此常常出现打法律的“擦边球”的情况。然而随着我国法律法规不断完善，可以打法律“擦边球”的时代早已过去，但这类不良诱惑始终潜伏在市场中。大学生作为创新创业者，心智不成熟、经验不足，面对复杂的社会环境，很可能在创业中陷入诱惑，误入歧途。

（二）加强校企合作，推进校企合作关系的建立

创新创业教育是一种实践教育，它的实践性决定它必然会与社会和企业产生密切的联系。因此，深化校企合作、全面推进良性校企合作关系的建立，有利于高校创新创业教育工作的顺利开展。需要注意的是，这里提倡的校企合作不是传统的“就业导向”型校企合作，而是更深层的、更多样的有机合作。

具体来说，应用型高校在开展创新创业教育的过程中，从专业人才培养方案的总体设计到模块内部课程的衔接，再到具体课程内容的设定和教学形式的安排，都离不开企业的配合支持。因此，应用型高校应积极与企业建立良好的合作关系，共同为学生搭建创业平台，推动教学活动的多样化开展。

良好的校企合作模式一方面能让高校人才和成果走出去，服务于社会和企业；另一方面又将企业和社会资源引进来，让学校和社会、企业形成开放、和谐、对话的良性循环体系，实现校企共赢。

创新创业实践课程多以活动与情景教学模式为主，实践活动、情景架设等方式是创新创业教育的常见教学方式。在校企合作模式下，高校的创新创业实践课程还能开展参观访问、模拟创业、讲座论坛等新形式。这些形式往往能够促使学生更加深入地了解企业的经营，从而为其未来的创新创业之路提供坚实的理论基础和有效的参考意义；同时也能起到良好的导引作用，为学生的创业发展指明切实可靠的方向，避免其误入歧途或半途而废。

（三）加强师资建设，促进专业创新创业教师团队的培养

教师作为教育工作中的核心组成部分，必然在创新创业教育的发展过程中起着举足轻重的作用。当代大学生是未来社会生产和国家发展的新希望，在创新创业方面也具备着无限的潜能。而教师的作用就在于深度发掘这种潜能，并使之尽可能地发挥。因此，促进高校创新创业教育的顺利发展，除了要在学生群体上花费功夫，还需要将一部分目光投向师资队伍的建设。

与一般的学科教育有所不同，创新创业教育具有更多的实践性。这就要求教

师在教学方式上有所突破，除了一般意义上的理论教育，要更加注重实践教育。另外，创新创业教育还要求教师具备较高的创新素养，且拥有一定的创业能力和创业实践经验，因此，专业教师团队的培养是一个艰难且漫长的过程。对于高校而言，培养这样的教师队伍是不现实的，因此高校可以尝试一种分工协作的方式，即在深度把握创新创业教育的核心内容的基本前提下，将创新创业教育分为创新教育和创业教育两大板块，如此一来，关于创新创业教育的师资力量也就被分成了两大类：针对创新精神培养教育，可以尝试用原有的理论课师资承担创新理论课程的教学任务；针对创业实操教育，则让实验实训师资与兼具创业经验和学术理论的企业家共同承担创业教育板块的教学任务。

在师资培养时需要注意，对于创新教育师资，要注重培养其创造性思维，引导教师探索更有效的教学模式和教学方法，在教学时唤起和激发学生的兴趣，挖掘学生的潜能；对于创业教育师资，要增强其创业意识，丰富其创业经验，提高其创业能力；对于企业一方的兼职师资，既要加强其与校内师资的沟通交流，也要鼓励校内师资走出去，加快校内师资的成长，同时还要邀请校外师资兼职从事创业教育的教科研工作。只有这样，应用型高校才能构建一支专职、兼职动态发展的创新创业型教师队伍。

二、创新创业人才培养策略的具体实施设计

不同类型的学校在落实创新创业教育时，当然要体现层次性与差异化。高校也应适应经济社会发展与高等教育实际，进而展开准确的定位，并在创新创业教育的探索与实践中结合自身的发展定位，系统开展各方面工作。

（一）明确目标路径，做好创新创业教育的顶层设计

1. 把握创新创业教育的丰富内涵

《教育部关于大力推进高等学校创新创业教育和大学生自主创业工作的意见》指出：“创新创业教育是适应经济社会和国家发展战略需要而产生的一种教学理念与模式……以提升学生的社会责任感、创新精神、创业意识和创业能力为核心，以改革人才培养模式和课程体系为重点，大力推进高等学校创新创业教育工作，不断提高人才培养质量。”① 关于创新创业型人才的特质，大多数人认

① 程艺．大学生职业发展与就业指导［M］．合肥：安徽大学出版社，2016：171.

为：创新创业型人才必须具备品德好、才智高、胆魄大等素质，富有创新创业精神和成熟的企业家思维，敢于在不同的社会领域中，以自己的创造性劳动去认识并改造世界，且能对人类进步和社会发展作出较大贡献。

教育者往往对创新创业教育做了比较狭隘或偏颇的理解，即简单地把创新创业和发明新事物、创办新企业这样的概念等同起来。事实上，创新创业教育的根本目的并不在于将每个学生都培养成有所作为的企业家，这也并非创新创业教育开展质量的评判标准。尺有所短、寸有所长，每个人都有各自的擅长领域和理想追求，从这个角度讲，把所有学生都引导至经商的道路也不甚现实。由此可见，如今被大力倡导和普及的创新创业教育，必然另有其深刻的含义。事实上，前面已经有所提及，当下高校的创新创业教育在很大程度上侧重于对学生创新创业意识的培养，其创业技能训练的最终指向也是在于精神层面，即让学生培养起与创新创业相关的一系列积极进取的精神，从而更好地在未来的职业生涯中发挥自己的人生价值。

2. 明确创新创业教育的定位

创新创业教育的开展，既是为了促使个人更好地提升能力，也是为了促进整个社会的长足发展。毫无疑问，这与其他学科教育是殊途同归的。因此，创新创业教育有必要和专业教育充分结合起来，广泛渗透于学校的各类专业教育中。面向全体学生开展创新创业教育，任何教师、任何学科都能成为创新创业教育的实施载体，通过课程实践和课程教学将创业创新知识传递给学生，而不是单凭创新创业教育这一个方向的教师力量来实现。其他学科的教师虽然不能给学生提供太多关于创新创业方面的经验和知识，但是可以时时刻刻向其灌输创新创业的思想，使学生在浓厚的创新创业环境中不断提高自觉性和主动性，进而不断进步，乃至朝创新创业的道路发展。创新创业教育既要对学生群体的学习生涯负责，也要对教育事业的发展进程负责，因此任重而道远。

当创新创业教育面向全体学生时，高校的相关课程设置和时间安排也都十分有必要变得更加科学合理。在科学合理的教育规划之下，即便各个学生的兴趣爱好或发展情况有所不同，也最终会在浓烈的创新创业氛围之下有所启发和收获。

总之，创新创业教育对于高校教育意义非凡。从教育事业的发展角度来看，创新创业教育有利于培养出更多符合时代发展的新型人才，也有利于持续推进我国教育领域的改革进程；从学生个人成长的角度来看，创新创业教育有利于加强学生的创新意识和提高学生的实践能力，从而保证学生的优势或兴趣得以充分发挥，最终在职业生涯当中使自己的人生价值得以充分体现。无论从哪一方面来看，创新创业教育都是促进高校教育走向高效率和高质量的重要途径。

3. 健全领导体制与工作机制

在构建工作体系和工作机制方面，高校教育也应当充分考虑创新创业教育精神的灌输和创新创业氛围的营造。例如，安徽的新华学院自上至下分别成立了“大学生创业指导委员会”“大学生创业中心”和“大学生科技创新协会”等多个与创新创业教育相关的管理部门，校长、学院领导、学生群体等均参与其中，从而形成了横向覆盖和纵向连贯的全面性发展网络，使全体师生都融入创新创业教育的科学管理中。

（二）落实人才培养目标，构建创新创业教育新模式

应用型本科高校在人才培养方面不断在需求特色化，创新创业教育则是应用型本科高校特色育人的突破点之一。安徽新华学院经过近三年的实践研究，形成了全方位、特色化、体系化的“3+2”创新创业教育模式。其中“3”为纵向创新创业教育体系，以创业意识教育、创业模拟教育、创业项目实践为主线贯穿大学生学习的整个过程；“2”则为横向创新创业教育形式，与专业建设相结合、与教师产学研相结合。

1. 在教育面向上，做到“全覆盖”

创新创业教育的普及不仅需要全面，更加需要趁早。将创新创业教育与高校的学科专业教育充分结合，有必要落实到高校新生群体当中。学生从一进入大学阶段就充分接触创新创业教育的思想和启迪，有利于创新创业教育的深入贯彻和长足发展，从而逐渐实现创新创业教育在高校教育中的全覆盖。

2. 在培养计划上，实现“全过程”

前面提到，创新创业教育的发展应该从新生群体开始落实。如此一来，创新创业教育的内容就自然而然地贯穿学生大学生涯的始终，故而在学习内容上也要注意层层递进的连贯和深入。例如，对于新生群体，创新创业教育的内容应当以知识普及和意识培养为主；对于较高年级学生，创新创业教育的内容则应重在模拟训练和理论深入；对于毕业生而言，创新创业教育更加切实有用的内容在于实践操作等方面。各个阶段有不同的侧重点，纵向连贯起来又有着层层深入的效果，因此能够在培养计划上实现“全过程”的目标。

3. 在教学安排上，实行“分阶段”

依照以上“全过程”的学习思路，此处的“分阶段”也就大致从意识培养、模拟培训和实践操作等三方面进行。根据学生的兴趣发展和就业需求等信息，还可以将创新创业教育横向地与专业教育进行连接，进而使创新创业教育在更具阶段性的同时，也更具针对性。

4. 在教育方法上，采取“多形式”

除了课程内容上的丰富，创新创业教育还应当注重教育形式的多样化。基于特殊的实践性，创新创业教育显然不能同于传统的教学模式，而是以针对性和实用性为原则，探求更多有效的教学途径。例如，名人讲座、创业竞赛、校企合作等，都不失为一种促进创新创业教育积极发展的科学方法。

5. 在育人理念上，采用“开放型”

所谓“开放型”，就是要强调“开放”二字，即加强与外界的联系和交流，避免故步自封的关门发展。积极主动地学习或借鉴知名高校的先进理念、有效规划和管理机制等内容，并积极响应国家政策的号召和相应政府部门的倡导，认真观察与创新创业教育相关的市场动向，从而全面保证创新创业教育的开放性，促使其积极健康地发展。

第三章

大学生创新创业人才培养体系的构建

确定了大学生创新创业人才培养体系构建的目标和相关策略，便可以对创新创业的人才培养体系进行具体构建了。大学生创新创业人才培养体系的内容主要包括课程体系、实践平台的构建，以及师资队伍的建设和质量保障体系的建立。近年来，我国高校的创新创业人才培养主要围绕这几方面展开，但在具体实施中，仍存在一些亟须改善的问题。高校应充分发挥其相关职能，重视创新创业课程体系和实践平台的构建，加强创新创业课程师资队伍的建设，提升“双创”人才培养的师资力量，并建立创新创业人才培养的质量保障体系，从而完善大学生创新创业人才培养体系，促进创新创业教育的发展。

第一节 课程体系的构建

课程体系的构建是大学生创新创业人才培养的关键之一，创新创业教育课程需要合理设置，要注重课程之间的相互配合与分工，只有合理地设置课程体系，最终才能达到提高人才培养质量的目的。

一、课程体系构建的原则与目标

（一）课程体系构建的原则

1. 注重个性化培养

创新创业教育课程的设置需要通过个性化培养与职业生涯管理，提高学生在本专业各方面的创新创业能力和就业竞争力，让其能够在社会上运用自己的创新创业能力开辟出属于自己的新天地。基于此，创新创业教育课程体系的构建不仅要符合当前社会经济发展的需求，而且还要结合不同学生的实际情况实施个性化培养，帮助他们明确自己今后的职业生涯应该如何规划。因此，高校创新创业人才的培养，必须以高校教育改革的要求为引导，实现学生的个性化成长，并让他们成为社会发展所需要的人才。

2. 注重课堂的主体化

创新创业教育与专业教育的融合，很大程度上依托于课堂教学。为此，创新创业教育课程体系的建设要注重整合与拓展校内外各类资源，从而丰富课程资源，促进学生知识结构不断优化，使学生的学术视野进一步拓展。[①]

课堂主体化这一原则要求创新创业教育课程体系在构建时，将专业课程的课堂教学放在主体地位，将创新创业教育理念和内容作为融入其中的一部分，以专业课程教学的教学计划设置、教学内容、教学方法改革、教学管理建设等环节的方式体现出来。具体而言，创新创业教育课程要以“显性课程”的形式体现于人才培养方案的教学计划之中，帮助学生在第一课堂接受创新思想，形成创新思维，树立创新意识，提升创新精神，培养创业能力，坚持注重资源整合与拓展。

---

① 吴金秋．中国高校“融入式”创新创业教育[M]．哈尔滨：黑龙江人民出版社，2013：102.

这也就是说，创新创业教育课程体系的构建应当让创新创业教育与专业教育相结合，让人文素养融入专业知识，让文理知识相结合，同时还要增加能够拓展学生知识面的内容，让他们了解更多的专业前沿知识和自己本专业的特色。

（二）课程体系构建的目标

高等学校创新创业教育课程必须着眼于学生知识素养的提高和创新观念的确立，必须与人才培养目标准确对接，同时重点培养创新创业人才必须拥有的素质——创新创业人格、创新创业精神、创新创业意识与创新创业能力。

《国家中长期教育改革和发展规划纲要（2010—2020年）》明确提出“坚持以人为本、全面实施素质教育是教育改革发展的战略主题，是贯彻党的教育方针的时代要求，其核心是解决好培养什么人、怎样培养人的重大问题，重点是面向全体学生、促进学生全面发展，着力提高学生服务国家服务人民的社会责任感、勇于探索的创新精神和善于解决问题的实践能力”①的教育思想，因而课程建设应以学分制改革为切入点，以学校教育教学改革为动力，重点抓专业教学和创新创业教学，增强学生的创新思维能力和动手能力，全面促进学生创新创业能力的提升。

二、课程体系构建的内容

（一）理论课程

1. 基础理论课

创新创业教育课程中的基础理论课是学生了解创业基本知识的重要基础课程，主要内容是一些基本的创业理论，具体如下。

（1）创业学概论

创业学概论是整个创新创业教育课程中最为基础的理论课程，可以称之为创业的入门级课程。这一课程设置旨在让想要创业的大学生认识什么是创业，明白应该怎样准备创业活动，以及创业活动需要用到哪些理论知识。

（2）创业基础理论

创业基础理论以创业学概论的内容为基础，并在此基础上安排了与创业相关的各种理论知识课程。这些创业基础理论知识课程旨在培养有创业意向的学生的

---

①左铮云，朱卫丰，康胜利．双惟新论[M]．北京：中国中医药出版社，2016：157.

创业素质和一些基本能力，并通过讲解国内外成功创业者的实例，让学生吸取成功创业的经验，同时也能激发学生创业的激情。

（3）创业辅导

创业辅导课程设置的主要目的是为学生传授一些对理解和开展创业活动有辅助性作用的知识，包括创业活动的现实意义、未来发展趋势等。此外，创业辅导课程还会讲解一些创业活动中常见的行为和思维模式。

2. 专业理论课

创新创业教育课程中的专业理论课程的设置旨在详细为创业学生讲解创业过程中所需要的各科知识，具体如下。

（1）创业案例研究

创业案例研究主要是讲解各行各业创业者的真实案例，让学生通过案例学习分析创业成功和失败的常见原因有哪些，从而明确创业活动中决定成败的关键环节和因素，进而不断改进自身的创新创业素质和能力，避免在自己身上发生同样的失败。

（2）创业法律基础

创业法律基础的主要内容是一些关于创业的法律知识，通过对这些创业法律知识的学习，学生能够知法、懂法，明确创业活动的法律红线，同时也能使用法律武器保护自己的创业成果。具体而言，创业法律基础课程的学习包括对《公司法》《行政法》《知识产权保护法》《劳动法》《环境保护法》《合同法》等法律法规的学习。

（3）市场营销学

市场营销学课程设置的主要作用是帮助学生掌握市场的基本规律和特点，并运用市场营销的相关知识更好地开展创业活动。该课程的主要内容是分析市场环境、消费者市场行为，讲解面对不同市场环境时创业者应该如何选择营销策略，同时全面系统地阐述市场营销活动的基本程序和方法。总而言之，这门课程的终极目的就是帮助学生合理运用市场营销手段，获得市场份额。

（4）管理学

管理学主要讲解企业管理的相关知识，之所以被安排在创新创业教育课程体系中是因为创业者在创业活动中需要这项管理能力。创业者可以通过对企业管理的学习，掌握计划、组织、管理、决策等能力，从而有条不紊地经营创业，并对市场有一个理性正确的认知，进而抓住每一个机遇，以最小的成本获取最大的利润。

（二）活动课程

1. 集体活动课程

集体活动课程可以主要以创业教育专家或者已经在行业中取得一定成就的成功创业者主持讲座的形式开展，让学生有机会在规定的时间段里获得与他们面对面交流的机会。这种课程设置有利于学生更有针对性地了解自己想知道的创业知识和经验，同时这种面对面的交流也更能让学生切身感受到创业者的精神和素养，从而自主加强自己的创新创业意识，提高创新创业能力。

2. 专题活动课程

专题活动课程通常会以真实的商业活动为参照，采用商业计划竞赛的形式组织开展一系列活动，通常会有模拟营销大赛、参观企业了解企业文化和企业运作流程等这些课程。此外，专题活动还包括营销活动与决策活动，这些专题活动在创业活动中占据着十分重要的地位。通过这些创新创业专题活动课程的开展，高校可以培养学生在创业中必不可少的团队意识，还能够锻炼他们对于商业活动的竞争意识。

3. 项目活动课程

高校设置的项目活动课程能够在很大程度上培养和强化创新创业学生在创业活动中所需要用到的独立判断能力、自我管理能力，并且提高学生的创新创意素质，让学生在不断的实践中锻炼自己的能力。

（三）实践课程设计

大学生学习创新创业理论的目的是指导实践，因此实践课程设计是大学生创新创业课程体系构建的重点。

1. 实践课的层次

（1）普及性创业教育实践课

我国当前的创业实践课存在“隐性课程为多、显性课程不足”的情况，普及性创业教育实践课程需要增设诸如经济学、管理学、法学等一系列与创新创业有直接关联的显性课程。合理安排这些课程能够更好地培养学生的创新创业意识。同时，高校还需要通过加强制度化建设这样的方式进一步改善当前课程设置不合理的情况，扩大创新创业教育的普及性，从而让全体学生的创业基本素养和能力得以全面提高。

（2）进阶性创业教育实践课

进阶性创业教育实践课是面向少数学生的进阶性创业教育。与普及性创业教育注重意识、品质培养不同，它更着重于创业体验和创业实践。

进阶性创业教育实践课的设置主要是解决我国现行教育存在的普遍问题——“理论灌输为主，实践演练较少”“宣传风险意识、促进风险控制技能提高的较少”，因而进阶性创业教育实践课更侧重于创业体验和创业实践的教学。

2. 实践课的分类

（1）案例实践教学

案例实践教学所需的案例既包括成功案例也包括失败案例，教师通过引导学生分析和讨论这些案例，让学生自己从那些具体案例中总结成功或失败的经验，并对此进行学习和反思。教师在案例实践教学中的主要作用就是帮助学生把案例中的经验和教训上升到理性层面，这也是教师应该掌握的一种创业教育教学方法。

仅凭课本上理论知识的教导，学生无法完全理解并运用创新创业教育理论，教师只有通过分析具体案例，加深学生对创新创业的理解，让学生对其有一个更为具体、详细的认知，从而激发他们的创业兴趣，强化学生的自主学习，培养学生的创新创业思维能力，提高学生的分析能力、判断能力，以及将理论联系实践来解决实际问题的能力。

（2）模拟创业实践

模拟创业实践课程的展开通常会以举办“创业计划竞赛”这种活动来进行。创业计划竞赛活动以小组竞赛的形式开展，每个组的成员构成由创业者自由组合以达到取长补短的目的。通常来说，这一活动的竞赛小组成员为5—6个人，最终形成的竞赛小组也被称为“模拟公司”。小组成员首先要通过实地调查来选择自己具体要进行的创业项目，选定之后，小组成员要针对这一项目进行分析，讨论该以哪种途径来进行后续的展开，这就是所谓的创业思维。最后一步就是根据小组自己选定的创业项目，提出一个能在市场上有发展前景的创业产品或服务，然后为这一产品或服务，制定一份商业计划书，内容要完整，事项要具体，角度要深入，里面要有作为一个创业者对新公司发展的整体蓝图、战略策划、资源分配和人员需求。计划书的其他基本内容还包括公司的介绍、产品与服务的市场调查分析、公司主要的竞争营销策略、公司的组织架构图、人力资源管理结构、财务分析报表等。但这份商业计划书的最终目的一定是为了赢得“风险投资家的投资”，制定完成后小组成员要进行课堂汇报。

（3）精品创业实践

精品创业实践主要是指大学生创办企业的实践，这一课程是目前高校创新创业教育中的高级课程，其特点在于这种实践不同于课堂上的模拟实践，而是实践一些有专业支撑、产业前景好、拥有优秀创业团队的真实的创新创业项目，这些项目是学校从创新创业教育的进阶性目标出发寻找的。此外，大多数高校还会设立创业孵化基地，为大学生提供创业场所；有一些学校甚至会为大学生提供创新创业风险基金，给予他们一定的经济保障；或是专门为创新创业大学生请创新创业咨询专家团队，以引导和帮助他们解决创新创业可能面临的问题，从而实现大学生真正意义上的创新创业；或者更加大胆地以学生为主体创办公司进行一些真正的经营活动。但这种方式对于大学生来说风险性太大，对于一般的学生来说可能有这个心，但是并不敢真正付诸实践。但是相反地，对于那些有创业眼光和胆魄而且自身综合素质过硬、创业能力强的学生来说，这往往是能够最快通向成功的金光大道。

（四）创新创业课程的授课形式

结合大学生创新创业教育的培养目标及创新创业教育课程的授课经验，可以将我国大学生创新创业教育课程的授课形式分为三类。

1. 公共选修课和必修课

创新创业教育课程中公共选修课和必修课是高校创新创业教育最常见的授课形式。这种授课形式能够在很大程度上普及创新创业教育，培养大学生的创新创业精神、品质和能力。在大学里，学生可以通过公共选修课学习大学生创新创业教育课程并获得相应的学分；而大学生就业指导课作为各高校的必修课，不能少于 38 学时，其中包括部分创新创业课程。这是教育部为促进大学生就业所下达文件规定的，旨在加强大学生就业指导课的力度。

2. 独立授课和融入其他专业授课

创新创业教育并非一个独立的教育体系，它可以融合其他专业开展教育。在某种程度上，也可以说创新创业教育是对传统专业教育的改进、延伸和提升，它很好地将基础教育、职业教育和继续教育三大教育进行了有效整合，并能根据所融合的其他专业的特点培养学生所学专业方向的创业能力。

3. 针对性授课

针对性授课形式主要是用于商业、经济、管理类学生所学习的专业选修课和专业必修课。具体而言，就是根据这类学生的专业课程体系，合理增设安排创新创业教育课程，让学生结合自己的专业特点，进而在创新创业教育中了解创办企业和运营企业的基本流程。

大学生创新创业教育的方式和方法应该构建以创新创业教育与其他学科相互结合、相互渗透的内容体系，形成与学科课程、活动课程、实践课程相互结合、相互渗透的课程形式结构体系。

三、不同国家和地区的课程体系设置

（一）美国的课程体系设置

自从美国哈佛商学院为工商管理硕士开设新创企业管理课程后，美国高校掀起了一阵创业课程开设的浪潮，如今已开设了5000多门创业课程，涵盖了“从头脑到市场”或“从创造性洞察力到成功创新”的各个方面，其创新创业教育内容的标准也很多，详见表3-1。①

表3-1 美国国家创新创业教育内容标准

类别	主题	学习要求	核心要点
创业技能类	创业过程	理解成功创业现象的概念和过程	发现、观念发展、资源、实现、收获
	创业特征和行为	理解成功创业现象中的个人特质和行为	领导能力、个人评估、个人管理
预备技能类	商业基础	理解基本的影响商业决策的概念	商业概念、商业活动
	人脉交往技能	理解与他人有效互动的概念、策略和系统	沟通基本原理、员工沟通、沟通伦理，工作团队之间人际关系、矛盾处理

① 傅安洲. 大学生创新创业教育的理论与实践[M]. 武汉：中国地质大学出版社，2015：71.

续表

类别	主题	学习要求	核心要点
预备技能类	数字技能	理解基本的计算机操作概念和程序	计算机基础、计算机应用
	经济学	理解经济学原理和概念	概念、成本 — 利润关系、经济指标和趋势、经济体系，国际化的经济概念
	金融技能	理解个人资金管理概念、程序和战略	货币学、金融服务、个人资金管理
	个人发展	理解个人职业探索、发展和成长的概念与战略	职业规划，寻找工作技能
数字技能经济学	理解基本的计算机操作概念和程序	计算机基础、计算机应用	会计学、财政学、货币管理
	理解经济学原理和概念	概念、成本 — 利润关系、经济指标和趋势、经济体系，国际化的经济概念	自组织、员工安置、培训 / 发展、士气 / 激励、考核
	理解个人资金管理概念、程序和战略	货币学、金融服务、个人资金管理	信息保存、技术、信息获取
	理解个人职业探索、发展和成长的概念与战略	职业规划，寻找工作技能	创造新产品或新服务、销售信息管理、促销、定价和销售
	理解商业决策所需财务知识和工具	会计学、财政学、货币管理	商业系统、渠道管理、物资采购、日常运作
	理解商业决策所需财务知识和工具	会计学、财政学、货币管理	商业系统、渠道管理、物资采购、日常运作
	理解相关概念、系统和战略：招聘、激励、发展和解雇员工	自组织、员工安置、培训	规划、控制
市场营销管理	理解相关概念、体系和工具：判断和满足消费者需求 / 欲望 / 期望，实现商业目标、创造新产品 / 服务想法	创造新产品或新服务、销售信息管理、促销、定价和销售	
运作管理	理解日常商业动作的过程和体系	商业系统、渠道管理、物资采购、日常运作	

续表

类别	主题	学习要求	核心要点
风险管理	理解概念、战略和体系，商业应用和损失最小化	经营风险、法律注意事项	
战略管理	理解引领整个商业组织的过程、战略和体系	规划、控制	

（二）日本的课程体系设置

在创新创业教育课程体系设置方面，日本高校中最为典型的案例就是日本高知工业大学。作为一所私立大学，高知工业大学办学的初始目标就是培养具有挑战性的领导型创新创业人才。高知工业大学的创新创业教育在日本各高校创新创业教育中名列前茅，其具体课程计划见表 3-2。[①]

表 3-2　日本高知工业大学创新创业教育课程计划

时间	开设课程
4 月	技术经营论
5 月	创业论、企业营销
6 月	产业体系经济学、研究方法论
7 月	信息产业概论、事业经营实践
8 月	产业构造业界组织论
9 月	国际协作、风险管理
10 月	经营学特论、知识产权
11 月	创业计划、地域产业振兴论

① 李志永．日本高校创业教育 [M]．杭州：浙江教育出版社，2010：118.

（三）欧盟的课程体系设置

1. 普及型创业教育课程

在现今社会，创业不仅是增加学生就业的重要方法，同时也是社会发展的时代要求，所以创业教育体现出很强的实用性特征。基于此，普及型创业教育课程得以在高校普遍开设，主要包括创业精神、创业知识、创业实践三方面的课程，而且这些课程面向全体学生，旨在普及学生关于创业相关方面的知识，培养学生的创业意识和实践能力。欧盟大学生创新创业教育普及型创业教育课程的设置见图 3-1。①

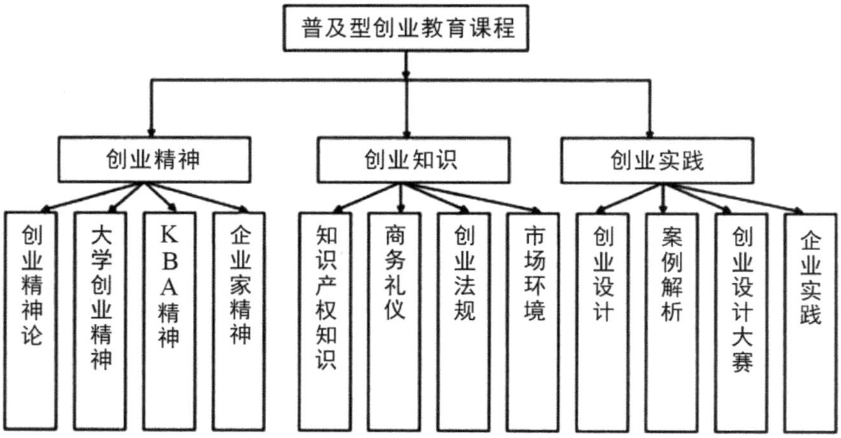

图 3-1　普及型创业教育课程设置示意图

在欧盟的大学生创新创业的普及型的三项创业课程中，需要注意一些教学要点。

创业精神是创业者进行创业活动的核心和支柱，也是其创业的内驱力，支配着创业者的选择、判断和主动性。总的来说，培养学生的创业精神，就是要培养他们作为一个优秀创业者所应具备的辩证思维能力和良好的道德情操。

创业知识是创业者从事创业活动的重要理论基础，对此，教师应当让学生掌握各种必备的创业理论，为今后的创业之路打好坚实的基础。

创业实践是检测学生对创意理论知识掌握情况的重要手段。作为创业者由理论到实践的重要环节，创业实践能够培养学生解决具体创业问题的能力。

① 傅安洲．大学生创新创业教育的理论与实践 [M]．武汉：中国地质大学出版社，2015：73.

2. 专业型创业教育课程

专业型创业教育课程的目标在于培养专业性创业人才，其课程设置的专业性更强，开办了创业学专业教育或创业学辅修专业。专业型创业教育课程的设置见图 3-2。

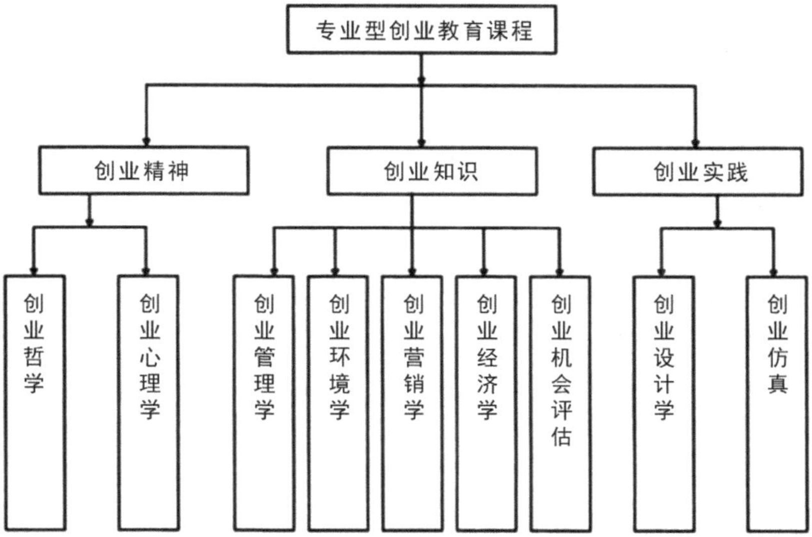

图 3-2 专业型创业教育课程设置示意图

专业型创业教育课程设置了多个学科，包括创业哲学、创业管理学、创业心理学、创业环境学、创业营销学、创业经济学、创业设计学、创业机会评估、创业仿真等，其具体的课程内容分别如下。

（1）创业哲学

创业哲学课程设置的主要内容包括创业的社会存在与社会意识、创业思维的规律与方法、创业实践与认识的辩证关系以及人的主观能动性等。目的是培养学生独立的人格和创新创业精神，让其勇于探索和创新，最终习得把握社会发展规律与辩证思维的能力。

（2）创业管理学

创业管理学课程主要包括创业的战略管理、组织管理、市场营销、财务管理等内容，旨在通过开拓市场和管理知识的传授，培养学生的组织能力和管理能力，让其能够最大程度地发挥各种资源的效力，最终引领企业成为创新型企业。

（3）创业心理学

创业者在创业过程中或多或少都会出现一些相关心理问题，表现为依赖、自卑、眼高手低等人格障碍和急功近利等行为障碍。对于这些问题，高校通过创业心理学课程的安排，分析和讲解创业者的个性特征和心理发展、创业者应具备的心理素质与创业过程中的心理分析，以及创业成功与挫折的心理学应对等知识，培养创业学生的独立性、坚韧性、适应性、合作性等创业心理品质。

（4）创业环境学

创业环境学课程所涉及的主要内容有创业的政治、经济、市场、政策和地理环境等，其设置目的在于培养创业学生对创业环境的认知能力，从而在创业环境不好时，能够适应并作出相应调整。同时，这样也更加有利于学生抓住机遇。

（5）创业营销学

创业营销学课程内容主要是创业团队的构建、创业计划实施等知识理论，旨在让学生了解创业企业生存发展所需要的各种资源，进而通过具体学习明确如何利用各种资源，在对某种新产品进行原始构思或某种新技术作初步设想的基础上，使企业创业成功。

（6）创业经济学

创业经济学课程内容主要包括经济运行机制分析、微观经济运行与创业要素、中观经济运行与市场运行机制分析、知识经济、高新技术与创业方向等。教师可以通过这些经济学的知识，让学生的创业活动能够快速在投入资金较少的情况下实现高增长。

（7）创业设计学

创业设计学课程主要培养学生设计规划创业活动的能力，让学生根据原始的设定条件来设计一个企业开办与发展的流程，并对此作出企业在开办理念、市场伦理、经济学与管理学等方面的评价。创业设计学课程的主要内容包括分析创业原始条件、设计创业流程、评价企业绩效等。

（8）创业机会评估

创业机会评估课程最重要的内容就是创业市场机会的 SWOT 分析。设置这一课程就是为了让想要创业的学生对创业机会有一个清楚明了的认知，只有当学生深入了解创业机会的特征、内在本质和重要作用后，创业成功的概率才会更大。因此，可以说创业机会评估知识是学生创业成功的重要保障。

（9）创业仿真

创业仿真课程的具体内容包括两部分：一是对企业在成长期、稳定期、挫折期三个阶段的典型案例进行分析，二是运用计算机仿真模拟企业的运营。通过这样的课程设置，培养学生对具体的创业问题提出具体对策的能力。

（四）我国的课程体系设置

我国高校的创新创业教育课程体系设置以 A 学校为例。A 学校根据国家创新创业教育课程体系设置的有关规定，结合本校学生的实际情况进行设计，具体课程设置情况见表 3-3。

表 3-3　A 学校创新创业教育课程设置

课程名称	理论学时	实践学时	总学时	总学分	开设学时
创新思维与创业教育（必修）	10	26	36	3	二至三学期
创业技能实践（选修）	8	22	30	3	二至五学期
人力资源管理（选修）	8	22	30	3	二至五学期
劳动法（选修）	8	22	30	3	二至五学期
合同法（选修）	8	22	30	3	二至五学期
企业经营管理（选修）	8	22	30	3	二至五学期

需要注意的是，表中的创新创业教育课程包括创新创业公共选修课和必修课，两者缺一不可。创新创业公共选修课存在的意义在于满足部分学生学习创业知识的需求，属于高校课程的辅助性课程，在一定程度上能够提升学生的创业能力，而且对于高校的社会形象和影响力而言，也有所助益。

A 学校创新创业教育课程的教学模式是通过设计、安排教学过程中各个要素之间的逻辑结构和教学活动正常高效运行的逻辑流程来实现其特定的教学目标。这一模式在各大高校属于很常见的操作范型，包括与创新创业教育相关的各个教学模块，其教学目标具体如下。

1. 创新思维与创业教育（必修）

要求学会创新思维的方法与技能，掌握创业的八大能力的要求，初步具备企业家的精神。

2. 创业技能实践（选修）

对于有创业要求的学生，重点进行八种创业能力的教育，使学生具有企业家的精神与能力。

3. 人力资源管理（选修）

要求掌握人力资源管理问题的各种分析方法，包括工作分析方法、招聘方法、培训方法、职业生涯管理方法、绩效评估薪酬管理方法等，提高针对实际人力管理资源问题的分析和解决能力。

4. 劳动合同法（选修）

要求熟知中华人民共和国境内的企业、个体经济组织、民办非企业单位等组织与劳动者建立劳动关系，订立、履行、变更、解除或者终止劳动合同的程序与条款，加强维权意识。

5. 经济合同法（选修）

要求熟知购销、建设工程承包、货物运输、仓储保管、财产租赁、借款、财产保险等合同的程序及要求，加强维权意识。

6. 企业经营管理（选修）

要求掌握企业内部的生产和服务过程管理，通过科学、合理地选择厂房位置、设施和设备，制订生产作业计划，选择工艺流程，确定生产和服务技术，实行有效流程和质量控制，组织生产和技术人员等实现及时生产产品（或提供服务）、降低成本的目的，学会经营管理的技能。

7. 大学生 KAE 创业基础

增强学生的创新创业意识、精神和品质，提升创业能力与就业能力，掌握创办和经营企业的基本知识和技能。

8. 大学生创业基础

教授创新创业基础知识，激发大学生创业激情，强化其创业意愿，让大学生逐渐形成自己创业的具体想法，并通过多方面的学习，分析其在商业和市场上能否运作。

9. 创业模拟实训

创业模拟实训这一教学模块适用于大二、大三学生的公共选修课，因为它是训练学生建立虚拟企业进行创业的能力，采用“上课”“上班”和“上网”结合的实岗实训方式，让学生可以体验真实的商业环境和商业行为。这样的教学模块能够有效提升大学生的创业能力、办公能力和业务能力，并且这些能力能够真正与社会需求接轨，最重要的是对参与市场竞争和驾驭市场的能力也有很大帮助，这样一来创业风险也能有所降低。

10. 创办你的企业培训（SYB）

SYB 适用于大三学生和各类社会人员，其主要目的是转变学生的就业观，激发其创新创业意识，使其掌握各项创业技能、创业知识、创业思维及创业步骤。此外，SYB 还可以帮助大学生完成创办企业的可行性调查研究培训内容。

11. 改善你的企业培训（IYB）

IYB 属于 SYB，适合已经创业的个体工商户和微小企业老板，其培训时间一般为 6—12 个月，并要求受训者拥有高中及以上的文凭。

第二节　实践平台的构建

实践性是创新创业教育的重要特征，因此高校进行创新创业教育的前提是构建创新创业实践平台。创新创业实践平台的构建应该以学科专业知识理论为依托，以科技文化项目为指引，合理开展创新创业教育实践教学，以达到优化配置创新创业教育实践教学资源、充实教学资源平台的目的。

一、实践平台构建的目标

高等学校根据人力资源市场对毕业生实践能力的新要求，在创新创业实践教学中增加各种与市场活动契合的创新创业实践活动，并由此构建一个与之相适应的创新创业教育实践平台，进而建立一个更为完善的专业实践教学体系，将研究创新、创办企业、竞赛训练、志愿服务这些内容都纳入其中，同时在创新创业教育的教学计划与学生的学分体系中也应该有所体现。只有这样，才能真正地突出专业实践教学的创新性与时代性。通过项目研究、创新创业竞赛参与、创业训练、创业模拟、企业咨询、社会调研、团队体验等多种方法与途径，实现创新创业教育实践教学与专业实践教学的有机融合。这样做的目的是让学生在边学边做的过程中，提高自己的自主研究能力、实践能力以及创新思维能力，同时在各种创新创业实践活动中积累经验，学习更多书本以外的创新创业知识，培养学生的创新精神。

在构建创新创业教育实践平台时，高校首先需要明确构建创新创业教育实践平台的目标是什么，然后以这一目标为导向进行构建。对创新创业教育而言，其目标就是培养社会所需要的创新创业人才，因而创新创业教育平台的目标就应该是培养社会所需的创新创业人才所应具备的创新创业意识和实践能力。所以说，高校在构建创新创业教育实践平台时，应以其目标为导向，以提供支持和配套监督评价体系为保障，构建一个能够引导学生立足于科技文化领域，并开展创新创业项目实训的实践教学平台，并在此基础上，将科技文化领域的各种项目运用到实践教学中，从而为学生构建一个专业化、多元化的创新创业教育实践平台。这一平台能够为想要创业的学生提供更多的实践机会，进一步丰富学生的实践经验。同时，高校创新创业教育在师资队伍的安排上还可以实行“科研导师、创业导师”双导师制，营造全校学生自觉培养创新创业能力的良好氛围。在目标设计上，高等学校应紧密结合社会需要与专业特点，以培养学生的创新思维、创业精神和实践能力为目标，将创新创业元素融入专业实践教学中，积极设计具有创新性与综合性的实践教学计划，安排能力较强的专业指导教师，建立拓展学生综合素养和创新创业能力的实践教学基地，并构建配套的监督评价保障体系。

二、实践平台构建的原则

（一）实践围绕区域经济社会发展

创新创业在当前社会非常具有发展前景，是国家经济发展的重要途径，尤其是在推动区域经济发展方面效果显著。因此，高校创新创业教育实践教学必须以此为导向进行开展、设计。总之，无论是基于对教育本质的探究，还是出于对高等学校职能的考虑，高等学校都应坚持紧密结合区域经济社会发展要求及区域特点进行创新创业教育实践教学平台的建设，并利用国家和区域的相关政策与资源，最大限度地为学生提供资源丰富、发展空间大的“实学空间”，培养国家与社会需要的高素质复合型人才。

从教育的本质来看，“教育就是培养人的一种社会活动，就是个体的社会化的过程。更具体一点说，教育就是由教育者根据社会的要求和人的身心发展的规律，对受教育者所施加的一种系统影响活动”[①]。创新创业教育同样属于教育形式的一种，那么相应的，它的本质就是根据社会需求和人才发展要求而展开的培养创新创业教育人才的一种活动。从其功能性来看，高校与区域内的技术创新、知识创新及知识传播有着密不可分的关系，可以说区域内技术和知识的创新发展主要依赖于高校所培养出来的创新创业人才，因而各个区域内的高校都有一个共同的使命——培养高素质的创新创业人才，推动科技进步，促进经济社会健康、协调、可持续发展。

（二）坚持基于专业的实践教学

坚持基于专业的创新创业教育实践教学是指结合学生的专业进行创新创业实践教学。这种教学不仅能够改革该专业的实践教学，而且也能促进高校素质教育的进程，培养具有创新精神的复合型专业人才。因此，从这个角度来看，创新创业教育实践教学不仅能促进创业课程的发展，提升学生的创新创业实践能力，还能推动和指引高校各专业实践教学的革新。而专业实践教学的这种革新在一定程度上能促使创新创业教育实践教学从根本上改变以前的教学模式，让教学变得更加符合现代社会的发展。

创新创业教育不是游离于专业教育之外的教育，现代教育所要求的创新性教学、研究性教学正是创新创业教育人才培养工作的重要内容之一。正是由于创新创业教育实践教学与专业实践教学的紧密联系和衔接关系，所以，创新创业教育实践教学如果要完善人才培养机制，充分发挥自己的作用，就必须始于专业、基于专业、融入专业。

（三）创新实践与创业实践并重

为更好地实现该目标，高等学校应坚持把培养学生的研究创新实践能力与自主创业实践能力放在同等重要的位置。创新创业教育实践平台的构建，是为了解决实践教学中存在的创新创业教育实践与专业实践教学平台不相匹配存在脱节现象的问题，以及实现对创新创业教育实践教学内容和管理方式的创新。在教学单位层面，创新创业教育实践应该坚持以本学科专业人才的培养目标与规格为中心，在人才培养方案中加入一些与专业实践教学相衔接的创新创业教育实践教学

① 张全新，张宗祥．教育哲学概论［M］．北京：中国国际广播出版社，2003：20.

内容，使其作为专业实践教学的延伸内容，也是对专业实践教学的必要补充。在学生层面，坚持以所学专业知识为支撑，以项目为载体，以学校各类创新创业教育实践教学平台为依托，在专业教师、校内和校外的一些相关人员以及优秀企业家作为导师的指导下，积极参加研究性学习、创新创业性实践与志愿服务性实践等，努力提升自身的创新实践能力与创业实践能力。在学校层面，坚持在公共基础实践、学科专业实践的基础上，不断增加创新创业教育课程的课程比例，增加学时，重视创新创业教育课程在具体课程设置中的比重，并且要将研究创新实践、创办企业实践等内容纳入创新创业教育实践教学中，作为创新创业教育实践教学平台的重要组成部分。

高校创新创业教育实践平台的构建要实现三大转变：在资源配置方面，从校内外资源各自为政的分散模式，向集中资源满足学生创新创业能力训练需求的紧凑模式转变；在人才培养方面，从以专业知识培养为全部内容的单一模式，向专业基本知识、技能与基于专业的创新创业能力培养相结合的拓展模式转变；在实践教学方面，从以彼此孤立的专业实验、实习为支撑的无序模式，向以科技文化项目为引领的专业实践教学与创新创业教育实践教学相结合的导引模式转变。

创新创业教育实践平台由三部分构成，即研究式平台、体验式平台与实战式平台。研究式平台包括学生学术科技创新项目、创新实验室项目和开放实验室项目；体验式平台包括应用类专业创业管理课程训练项目、创业培训选修课实验班训练项目、创新创业竞赛训练项目；实战式平台包括学生科技文化创业园训练项目、创新创业实践基地训练项目。

三、学生研究式平台的构建

学生研究式平台的构建包括项目研究宗旨、项目来源、项目申报与审批程序、项目指导教师资格与职责、项目管理、项目结项流程、项目成果奖励等方面内容。学生研究式平台的建设主要是为了学生基于专业的创新能力和科研能力的提高，高等院校可以构建一个包括学术科技创新项目、创新实验室项目、开放实验室项目在内的创新创业教育实践平台，以增强学生的创新思维和科研精神。

（一）学术科技创新项目研究平台

高校要建设学生学术科技创新项目题库，同时还要为学生提供资金保障，比如科研基金的设立以及专业科研导师的指导，从而促进学生开展研究性学习与创新性实践活动。学校可以对表现优异的学生，比如在学生科技项目中取得了优秀的成果或是重大的进展，给予相应的表彰和奖励。与此同时，除了给予表彰奖励外，在学生的学分上也可以有相应的体现，比如学生可以获得创新创业教育学分、素质综合测评加分等。如果学生参与实践的创新项目成果发表在省级以上的核心刊物上或者是获得过省级以上的奖励，可以给予该学生在同等条件下优先获得研究生推免的资格等。还可以将学生参评的自然科学类学术论文（A 类）、人文社会科学类社会调查报告和学术论文（B 类）、科技发明制作（含设计）（C 类）三类成果各设一、二、三等奖，颁发获奖证书并给予相应的物质奖励。此外，还要倡导学生主动参与基于专业的学术科技创新项目研究，项目推行导师制。

项目来源主要有三种方式：① 学生根据自己的兴趣与专业学习方向确定研究项目；② 学生与指导教师共同拟定研究项目；③ 高等学校组织专家编制研究项目。

高校组织专家对上述三种方式产生的项目进行论证，确定选题目录，面向全校公布，供学生自由选择。项目内容并不局限，可以包括在学术项目上进行了一定创新的基础研究或者应用研究，在技术开发上展现了一定独创性和先进性的新工艺或新产品的开发研究，以及一些独特的产品发明制作，或是对任一行业或地区发展能够展现出一定指导意义的社会调查报告。

学术科技创新项目研究平台的建设目标为：① 提高学生运用专业知识发现问题、分析问题与解决问题的能力，提高学生的合作科研与协同创新意识；② 激发学生的创新思维，培养学生对科学研究的兴趣，提高学生的科研水平和创新性实践能力；③ 促进项目研究成果转化，推动区域经济社会文化发展，培养地方和国家建设需要的高水平创新人才。

项目申报与审批具体流程包括项目申请资格认定、项目研究内容确认、专家评审等环节。学术科技创新项目的管理组织机构为学生学术科技创新项目评审委员会，委员会下设办公室，承担此类项目的具体管理职能（见图 3-3）。

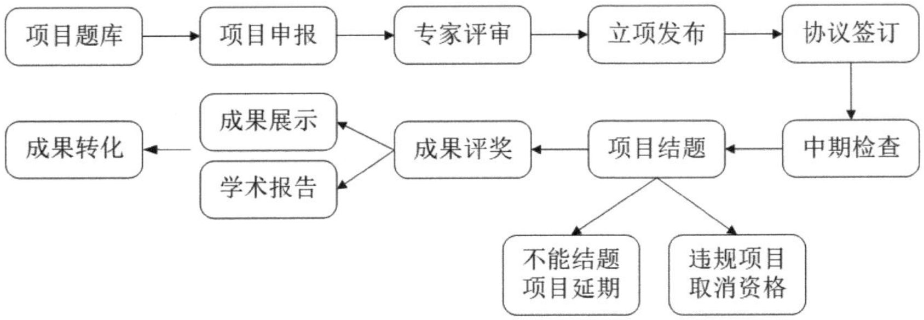

图 3-3　学术科技创新项目研究平台流程示意图

学生学术科技创新项目评审委员会的主要职责为审核项目申请书，组织项目答辩会，以及管理学生学术科技创新项目基金等。学生学术科技创新项目的经费管理由学校项目评审委员会办公室负责。

（二）创新实验室项目研究平台

创新实验室项目的研究旨在形成具有创新性、前沿性的设计及发明创造，而创新基地项目则旨在形成具有创新性、前沿性的经济社会发展问题研究报告。创新实验室项目是指学生依托创新实验室，运用学科专业知识，结合社会生产生活实际而进行的研究项目。学校鼓励学生参与基于专业的项目研究，项目实行导师制，同时建立激励机制，鼓励学生在科研导师的指导下参与创新实验。

创新实验室项目研究平台有一套具体的流程：① 发布创新实验室项目立项通知；② 收集立项书，并组织学院专家评审；③ 公布立项结果，总结并通报评审过程；④ 召开项目发布会，与项目负责人签订协议书；⑤ 对项目实行中期检查，并对检查结果进行通报；⑥ 组织学生结题、报销经费，并对结题情况进行通报；⑦ 对项目结题成果进行展示。

创新实验室项目研究平台的项目来源主要有四种途径：① 由导师确定研究项目，自愿参与项目的学生组成项目实训团队，在导师指导下进行项目研究；② 由学生与导师共同拟定研究项目，组成项目实训团队，在导师指导下进行项目研究；③ 由学生自主确定研究项目，组成项目实训团队，在导师指导下进行项目研究；④ 学生自愿参与的导师科研项目的子课题项目需在学校设立的创新实验室或基地内完成，项目由学校创新创业教育工作主管部门进行管理。

（三）开放实验室项目研究平台

开放实验室是指开放高等院校所有的实验室，包括教学实验室和科研实验室，在保证能够完成计划内的实验教学任务以及科研任务的前提下，利用实验室现有师资、仪器设备、设施条件等资源，以不同形式对全校本科学生开放，旨在充分发挥实验室在创新创业教育实践教学中对学生创新创业意识与能力培养方面的作用，为学生自主学习与研究性学习创造条件，为学生个性化发展提供空间。

实验室要根据功能和条件确定适合本实验室的开放形式和开放内容。实验室开放基金项目实行导师制，在实验教学和研究过程中，导师应注意加强对学生实验技能、探索精神、科学思维、实践能力和创新能力的培养，督促学生按时提交实验报告、论文结项报告等。学生在实验项目完成后，应向实验室提交实验报告、论文或实物等实验成果。对于优秀的项目研究成果，要对参与该项目研究的学生及导师进行表彰奖励。实验室开放一般可采用全天开放、预约开放、阶段开放、定期开放等多种方式，让实验者在时间上有一定的选择余地。

四、学生体验式平台的构建

高校可根据学生的需求，以提高学生的实践能力、强化学生基于专业教育的创新创业能力、培养学生的综合素质为中心构建一个用于创新创业教育实践教学的体验式平台。平台内包括的项目可以有应用类专业创业管理课程训练项目、创业培训选修课实验班训练项目、创新创业竞赛训练项目等，基本上要囊括课程和实践这两种模式，使学生在专业知识的指导下进行创新创业的实践。

（一）应用类专业创业管理课程训练项目体验平台

应用类专业创业管理课程训练项目的内容包括一门创业管理课程、一份市场调研报告和一份创业计划书。创业管理课程前面已有叙述，此处对市场调研报告和创业计划书的有关内容进行论述。

1. 市场调研报告

在撰写市场调研报告时，要注意格式的规范性和报告撰写工具及工具的使用情况；注意项目分析的具体方法与步骤，以及前后内容的一致性与逻辑性，如原因分析是否符合逻辑、是否具有一定深度等；要提出具体解决方案及实施方案，包括可行性论证；最后，要注意项目调查问卷的合理性与有效性。

2. 创业计划书的撰写

创业计划书的内容较多，不同内容有不同的需要注意的地方，具体如下。

① 项目概述。项目概述主要是分析项目产生的原因，说明项目满足的市场需求或创造的独特价值。

② 市场分析。市场分析要明确阐述创业项目的目标市场、产品或服务的市场容量与趋势、企业预计市场占有率及潜力等方面内容，并做好 SWOT 分析。

③ 营销策略。提出的营销策略对顾客要具有潜在吸引力，产品策略要具体，差异化清晰，成本及定价合理，营销渠道顺畅；促销手段有效、具体，并具有一定的创新性。

④ 企业团队建设。组建营销、财务、行政、生产、技术团队，并明确成员管理分工和互补情况；确立团队组织结构，明确领导层成员；明确创业顾问及主要投资人的持股情况等。

⑤ 企业法律形式。选择合适的法律形式并阐述其原因，制定相应的合伙协议或企业章程。

⑥ 启动资金预算。启动资金预算包括购置固定资产所需支出以及企业正常运作所需流动资金，并详细说明资金来源。

⑦ 财务计划。正确编制各类财务报表，财务分析清晰明了，与计划配合实施。

⑧ 风险评估。详细分析创业项目可能出现的风险情况并制定应对措施。

⑨ 可行性分析。对服务或产品的可行性进行分析。

⑩完整性。创业计划书要撰写规范，内容系统全面，经营模式体系设计要具有创新性与商业价值等。

（二）创业培训选修课实验班训练项目体验平台

KAB 和 SYB 创业培训选修课实验班训练项目，是指多数高等学校以引进国际劳工组织的两项创业培训项目，即大学生 KAB（知晓你的企业）创业培训和 SYB（创办和发展你的企业）创业培训项目为依托，建立选修课模式创业培训实验班训练项目。高等学校可结合本校实际开设若干班制，实行小班授课，采取互动式教学方法，采用高度创新的参与性训练方法完全模拟创办企业全过程，使学生具备创办企业的基本知识与技能，了解、认识和评估自身创办企业的能力素质，挖掘适合自己的创业项目，完成自己的创业计划，提高学生创业的成功率。该实验班以选修课形式开设，在报名的全日制本科学生中选拔具有创新创业潜质与创业志向的学生进行系统学习。具备条件的高等学校，也可面向全校本科生开设。完成课程修读且成绩合格者可获得由人力资源和社会保障部中国就业培训技术中心颁发的创业培训合格证书。训练结束后学生可按照自己的创业计划书进行创业实践。

创业培训选修课实验班教授的内容包括从创业理论知识到具体实践的过程，即创业的基本含义和创业动机、企业家基本素质和创业者应具备的能力、创业过程的一般模型和创业方式、创业构思、创业机会的识别和评估、创业团队的建立和企业的基本法律形式、创业融资、创业财务管理、小企业管理、本专业特色的市场调研报告的撰写、创业计划书的写作等。创业培训选修课实验班的教学方式也具有自己的特色，主讲教师会结合教学内容使用白板、卡片、多媒体、语音设备、教学软件平台等教学用具和设备，主要采用自我测试、课堂演示、小组活动、案例分析、头脑风暴、嘉宾访谈、商业游戏等多种生动活泼、实践效果好的教学方法。创业培训选修课的考核一般不进行测试，而是让学生完成一份商业计划书，并通过计划书答辩。

（三）创新创业竞赛训练项目体验平台

创新创业竞赛训练项目包括“挑战杯”课外学术科技作品竞赛、“挑战杯”创业计划竞赛、数学建模竞赛、电子设计竞赛、动漫设计竞赛、机器人足球竞赛、程序设计竞赛、化学实验竞赛、电子商务竞赛、主持人竞赛、“CCTV”杯英语竞赛、日韩语竞赛、俄语竞赛等。创新创业竞赛训练项目的基本教学要求包括创新创业竞赛训练项目的宗旨、体系范围、领导机构、组织管理、指导教师、表彰奖励等方面内容。高等学校应对参赛学生和获奖学生给予创新创业教育学分认定、优先推免研究生等表彰奖励，对指导教师进行工作量认定、评优与聘任优先等表彰奖励，还可以设立学生科技成果奖，每年在学生中评选出一批优秀科研成果。

高等学校可建立统一的竞赛管理机制整合涉及全校各学科专业、不同级别和种类的大赛，实行“集中管理，分散组织，统一奖励”的运行机制，帮助和引导学生更多地参与创新创业竞赛，从而培养学生的竞争意识和胜负意识，激发学生的好胜心，给予学生挑战的勇气。从多方面对学生的创新思维和实践能力进行培养，激发学生的团队协作意识，塑造在知识、能力、素质多方面协调发展的并集创新精神于一体的高素质、复合型、应用型的创新创业人才；深化专业教育教学，增强学生基于专业知识的解决问题的能力，提高学生整体参赛水平。建立健全创新创业竞赛训练项目管理模式，形成由国际级、国家级、省级和校级竞赛组成的创新创业竞赛体系，形成集竞赛队员选拔、竞赛内容培训、实战训练、参赛、竞赛、总结于一体的培训指导体系，形成以相关学科为依托，以政策制度建设为保障，教研结合、项目驱动、教师引导、学生参与、院系承办、部门协助的运行机制。构建贯穿人才培养各环节的创新创业竞赛体系，加强对各级各类创新创业竞赛的规范管理和统一组织，建立健全创新创业竞赛立项申报流程及相关管理制度。

高等学校还可以结合实际办学情况，依托专业实验室、基地等设立“创新创业竞赛训练营”，使创新创业竞赛融入学生的专业学习，确保学生竞赛实训与专业实践教学的创新性。建立多元竞赛指导团队，从课堂讲授到创新实验室培训，从集中训练到赛前强化指导，从丰富理论知识到训练逻辑思维，帮助学生实现课内学习与课外实践的有效互补。通过组织师生参赛，充分调动指导教师的积极性和主动性，全面提高学生团队的创新能力、动手能力和实战能力。加强创新创业竞赛参赛队伍建设，在组建学生团队时注重多学科间的交叉与融合，努力实现跨学科、跨专业、跨年级组队参赛的多元化模式。

五、学生实战式平台的构建

高等学校可构建包括学生科技文化创业园训练项目、创新创业实践基地训练项目、志愿服务训练项目在内的创新创业教育实践教学实战式平台。

（一）科技文化创业园训练项目实战平台

有条件的高等学校应积极进行创业园训练项目建设，吸纳创新创业项目团队入驻园区并开展基于专业的项目实战实训。学生科技文化创业园（即综合实验室，以下简称创业园）训练项目是以专业为依托开展创新创业教育实践的实战式平台，是深化教育教学改革的“试验田”。其教学要求包括项目性质与建设目标、服务体系、项目分类、团队审批与入驻、管理、完成标准、检查与监督等方面内容。创业园训练项目建设分别构建创业园短期、中期和长期三个阶段的工作目标。学生项目团队可根据其属性，分为科技研发类、信息技术类、营销服务类、文化创意类等。创业园可根据学生团队运营项目的特点，相应地将空间划分为科技研发区、信息技术区、营销服务区、文化创意区与成果展示区等。

1. 服务体系

创业园应为学生创新创业团队的运行提供五位一体的公共服务体系：在综合培训服务方面，应针对学生创新创业团队的特点，聘请专业教师为团队成员进行创业培训；在信息咨询服务方面，应根据学生创新创业团队运营发展中出现的问题，组织校内外专家为其提供工商、税务、投融资、财务、法律等方面的信息咨询服务；在团队孵化服务方面，应帮助学生创新创业团队在完成初级孵化后扶持其进入高一级大学科技园进行孵化；在基金扶持服务方面，应设立创业种子基金，用以扶持学生自主创业；在政策支持服务方面，应积极与政府就业系统、教育系统、中小企业管理系统等部门合作，做好政策支持服务的各项工作。

2. 准入规则

学生创新创业团队申请入驻创业园时，需具备一些条件，具体如下。

第一，申请成立团队必须由团队负责人提出，团队负责人及其成员必须是本校全日制在校生，包括本科生、硕士研究生、博士研究生。

第二，团队必须有明确的、具有一定市场潜力和竞争力的创新创业项目。

第三，团队要具备一定的创新创业项目启动资金和承担风险的能力。

第四，团队必须聘请学校在职专业教师与管理人员或企业家作为创业导师，对项目进行个性化指导。

第五，团队提交的注册申请和创业（商业）计划书，内容要全面并具有可操作性。

创新创业团队审批、入驻的具体流程如下：① 团队提交入园申请和创业计划书；② 创新创业项目专家评审组对创新创业团队及项目进行评审；③ 召开发布会，通过评审的团队与创业园签署场地及设施租用合同；④ 以企业形式正式运营的项目团队需履行工商、税务注册手续；⑤ 团队成员学习创业园相关管理规章制度和企业文化；⑥ 团队缴纳入园保证金，入园进行项目运营。

3. 管理运行

在管理运行机制上，创业园应确立“学生园区，学生管理，教师指导”的工作原则，建立三级管理服务运行机制，即成立创业园专家指导委员会、管理办公室及学生管理委员会。学生管理委员会下设咨询服务部、企划外联部、财务管理部、综合培训部和基金服务部，通过学生自主管理、专家咨询指导、学校支持保障，形成全方位培养创新创业型人才的管理运行机制（见图 3-4）。

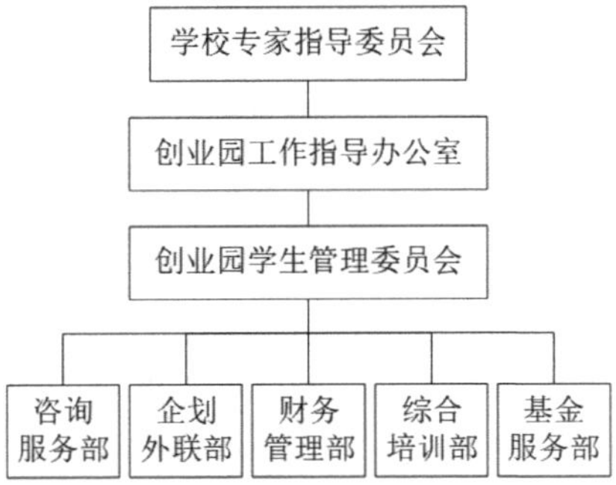

图 3-4　科技文化创业园管理运行机制

创业园管理团队定期组织召开学生企业经理与团队负责人工作例会，指导制订具体工作推进计划，听取团队的意见与建议；对团队项目进行监督检查，防止其出现违反国家及学校各项规章制度的行为；制订考核评价方案，依据团队提交的学期与年度创业项目运营情况对其成果进行检查评比，对优秀创业团队及其指导教师进行表彰奖励。创业园的日常管理工作可分为经营管理、规划管理和项目运营。

经营管理方面，创业园为团队提供项目经营场地及相关设施并收取一定费用，统一上缴学校财务处。团队在创业园的统一管理与指导下，实行自主经营、独立核算、自负盈亏。

规划管理方面，创业园对团队在指定区域内经营的各类项目以及各团队“门面”设计提出指导意见。

项目运营方面，创业园成立工作指导办公室，负责项目运营、项目拓展及成果转化，根据学生创新创业团队每月递交的项目运营报告，及时了解学生创新创业项目情况，并定期对学生创新创业团队进行运营评估，实行团队“优胜劣汰”。

科技文化创业园训练项目实战平台的运行流程见图 3-5。

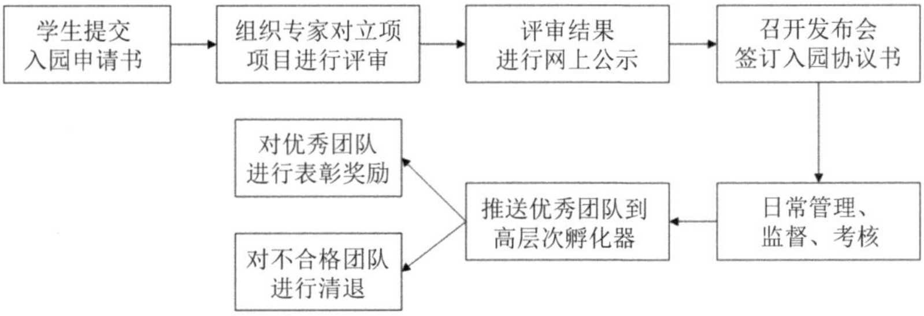

图 3-5　科技文化创业园训练项目实战平台运行流程示意图

（二）创新创业实践基地训练项目实战平台

创新创业实践基地训练项目是高等学校开展创新创业教育，促进学生实现创新创业与灵活就业的重要实践平台。创新创业实践基地的主要任务是以基地建设为载体，整合和利用校内外各种教育资源，开展创新创业实践指导和创业培训，吸纳学生进行创新创业实习实训，为学生提供创新创业项目信息和创新创业项目孵化的软硬件支持，为其实现科技创新与自主创业提供支撑与帮助。可将校企合作基地训练项目、技能培训基地训练项目等创新创业实践基地训练项目纳入创新创业教育实战式平台。

第三节　师资队伍的建设

创新创业师资队伍的建设是创新创业人才培养的基础和保证。要组建合格的创新创业师资队伍，就需要制订明确的教师素质评价准则和教师能力评定标准，并寻求有效的建设路径，为创新创业人才培养提供坚实的师资保障。

一、创新创业师资队伍的素质要求与能力评定

从事创新创业教育的教师所具备的素质应较普通高校教师更为广泛、多元与专门化。

（一）创新创业师资队伍的素质要求

1. 思想政治素质方面

作为一名从事创新创业教育工作的教师，首先要有正确的教育观，对学生应始终保持着高度的责任心，并且要树立坚持终身学习的思想观。教师只有保持正确的价值观，才能在实际教学过程中引导学生树立正确的世界观、人生观和价值观，才更有可能培养出一批既拥有专业理论又有较强实践能力的高等技术应用型人才。

2. 教育教学能力方面

创新创业课程不同于其他课程，由于其实用性较强，要求教师在课堂上要尽

可能地利用各种教学方法的优势，增加课堂理论教学和实践教学的密切度，提高课堂教学的效率，在课堂上有限的时间里向学生传递更多的有效信息和知识。教师的教育教学能力应该有组织实践理论教学、带领学生实践并在其中起到指导作用的能力，与学生能够进行良好沟通的能力，驾驭教材对教材熟读于心的能力，对课堂活动或教学的组织能力，进行授课时良好的沟通表达能力。

3. 科研教育能力方面

科研教育能力对于创新创业教师是十分重要的能力。在日常的教学中应该重视教研活动的开展，重视理论知识的研究成果在当前高新技术的开发下及具体生产实践中的应用，不断探索更加先进的教学方法，将理论研究成果尽快应用于实践，提高实践工作的效率，从而构建一个更加科学合理的学科知识体系，以创新创业的培养目标为中心，为加快创新创业教育的发展步伐作出一定贡献。

4. 职业综合素质方面

创新创业教师的职业综合素质是指教师的身体、心理、人文和创新素质等。对于创新创业教师而言，职业综合素质非常重要，它在实际的创新创业教学过程中与各种专业技能操作紧密相关，因而也可以说这是一种具有明显实用性的素质，是每一位教师不可缺少的一种素质。从事创新创业教育工作的教师本人应该重视自己职业综合素质的提高，深入认识其重要性，并为此在日常工作中投入一定的时间和精力来学习，以促进自己职业综合素质的提高。

（二）教师队伍的能力评定

1. 我国教师能力的评定标准

创新创业教育是一门特殊的学科，它不像其他专业学科是单一的，而是一门综合性很强的学科。创新创业教育专业是多个学科与创业专业领域知识的集合体，其教学内容的重点不是理论知识的深度，而是各种知识在创新创业实践活动中的综合运用。因而，创新创业教师的能力自然不只是某一方面理论知识的传授能力，还包括不同知识间的综合运用能力，而后者这种能力是考察创新创业教师能力的重要指标。具体而言，创新创业教师的能力表现为：在具体的教学活动中，教师能够构建一种不同于常规普通教学，同时又能体现职业专业特色的教学体系。从创新创业教师构建职业专业教学体系来看，其专业能力标准主要反映在以下几个方面：

① 制定教学大纲，内容及目标都要职业化；

② 教学过程与职业工作过程要一体化，教学中的职业工作情境创设要真实化；

③ 教学方法写真化；

④ 善于应用多功能化的教学设施；

⑤ 以多专业性为标准，有跨学科、跨专业能力；

⑥ 重视过程、多技术综合应用；

⑦ 以获取、教授经验性、策略性等隐性知识为主；

⑧ 以“研究型”和“革新型”为标准提升专业能力；

⑨ 以现代信息为基础的现代信息化教学。

除此之外，创新创业教师能力的有机融合也是创新创业教师的专业能力标准之一。因此，在开设了创新创业教育课程的这些院校之中，教学实际上是存在于职业技术及其实际应用之中的，而职业技术又能够在教学的过程中得以发现。由此可见，教学与职业技术两者之间是不可分割的关系，它们相互包含，有机融合。所以，创新创业教师的专业能力有机融合的具体标准主要体现在三点（见图3-6）：第一，具有在课堂教学中把原理教学与技术应用相融合的能力；第二，具有在模拟实训教学中把应用教学与行动相融合的能力；第三，具有在职业实习教学中把行动教学与适应情境变化相融合的能力。

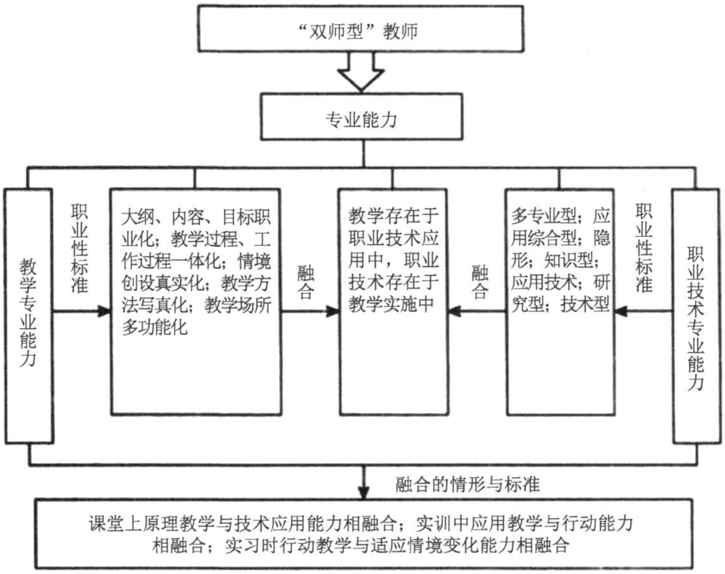

图 3-6　创新创业教师能力融合示意图

教师的专业能力到底是由哪几种能力构成并不是一个绝对的概念，对这一能力构成的认识一直都是处于动态的变化过程。在教师专业能力的种类中，教学能力是教师专业能力的重要体现，也是其重要组成部分。但随着网络时代与科学技术的快速发展，实际教学活动中逐渐运用了一些新的技术设备，如多媒体等。教师能否合理应用现代教育技术进行教学也成为教师专业能力中的重要组成部分。通过大量研究，国内有学者认为教师专业能力的构成大致可分为以下三种类型。

① 种类构成：将教师专业能力看作是一个大的整体，这一整体需要由其他若干种类的下位能力组成，而这些下位能力包括教学能力、班级管理能力、教学设计能力、教学过程反思能力等这些基础能力。

② 维度构成：将教师的专业能力当作是各专业维度下所需要的能力要求，比如专业基础方面、教学计划与准备方面、教学方法与策略方面、评价方面、教学管理方面等。在这些专业维度下，还有各种详细的对于教师能力要求的指标。

③ 领域构成：将教师的专业能力看成是各个不同的专业领域内所需要的不同能力要求。这些领域与教师息息相关，比如学校、教育、教学和教师个人等。这些领域对教师的能力要求侧重点也有所不同，如教与学、学生发展、学校发展、教师个人发展等领域。这些领域内也设立了不同的能力指标。

这三种角度对于教师的能力构成都有各自不同的特点，都是站在现实的角度上提出的不同方面的考量。

2. 美国教师能力的评定标准

美国国家专业教学委员会（NBPTS）颁布的美国创新创业职业教育标准资格认定和美国教师教育认定机构（NCATE）指定的创新创业类职业教育教师培养标准等，都为创新创业教育教师资格认定和师资培养提供了一定的依据和保障。美国国家专业教学委员会制定的美国创新创业教育教师专业标准见表 3-4。

表 3-4　美国创新创业教育教师专业标准

维度		标准			
		1	2	3	4
1	为学生创造有效学习环境	了解学生	掌握学科知识	创造良好学习环境	教学多样性
2	提高学生学习成绩	拓展专业领域知识	评估与反馈		

续表

维度		标准			
		1	2	3	4
3	帮助学生进行角色过渡	帮助学生熟知工作环境	帮助学生管理和平衡	推动社会发展	加强与学生家长和社区的合作
4	通过专业发展和自我超越来提高教学质量	反思式教学	创建校企合作关系	贡献于教育事业	

如上述表格所示，NBPTS 以 4 个维度和 13 条标准描述了合格的创新创业教师在教学过程中应达到的最基本要求。

3. 澳大利亚教师能力的评定标准

创新创业教育起源于职业教育，自然与职业教育存在一些相似之处，尤其是在实践教学方面。创新创业实践教学要实现传授科学有效的进行，高校需要有两方面准备：一是创新创业实践的经验；二是具备传授创新创业实践经验与理论知识的教师队伍。澳大利亚创新与行业技能委员会开发的“培训与教育”培训包（TAE10）是澳大利亚现行的针对创新创业教育教师资格与培训部门培训师能力标准的规定，也是创新创业教育教师入职和专业成长的重要依据。澳大利亚创新创业教育的培养特色集中体现为 TAE 模式，即“培训与教育”培训包，其能力标准、评估准则、职业资格见表 3-5。

表 3-5　澳大利亚“培训与教育”培训包能力专业标准

——	能力标准	评估准则	职业资格
1	学习设计	“培训与鉴定”四级证书	个人资质
2	培训实施	国际教育管理专科文凭	培训经历
3	运行高级学习项目	语言、数理类研究生证书	评估环境
4	评价	学习管理类研究生证书	评估途径
5	培训咨询服务	国际监狱管理类研究生证书	考核方法
6	国际教育管理	语言、数学研究生文凭	——
7	培训持续发展能力	学习管理研究生文凭	——

二、师资队伍的建设路径与方法

创新创业师资队伍是开展创新创业教育的重要支柱，在课程研究、教学方式采用、教学成效等方面起着至关重要的作用。其构建必须按照高水平、高质量的标准去执行，只有这样才能建设出优秀的创新创业教育团队，更好地发展创新创业教育。

高校可以和一些国内外企业建立合作联系，合作企业提供一些先进的创业理念和实践项目，利用企业职员讲课、开展讲座、指导实践等形式，培养大学生的创新创业思维能力，提升大学生的创新创业热情，只有这种全面的教师团队才能推动创新创业教育的发展。专职教师主要包括本校专门研究创新创业或与其密切相关的老师；兼职教师主要包括其他学校创新创业方面的专职教师以及有创业经验的企业职员和政府职员等。专职教师和兼职教师中其他学校专职教师主要承担创新创业理论教育方面的职责，兼职教师中有创业经验的企业职员和政府职员主要承担创新创业实践教育方面的事务。

新时代教师必须满足创新创业教育新的要求，参与教学的教师必须掌握一定程度的创新创业理论、具备一定的经历和能力。通常专职教师的数量是依据专业需求确定的。另外，还可以聘请企业里有丰富创业实践经验并兼有理论知识的专家作为兼职教师，并邀请成功的创业者来学校开展创业讲座。所以，为了推动创新创业教育的发展，要招聘高质量的创新创业教育人才，构建一支与时俱进的专兼职创新创业教育教师团队。在组建一支高水平的专职教师队伍的同时，还需要聘请一些创业实践型教师，从国内外企业邀请兼具实践经历和理论认识的全面人才，例如成功的创业者、经管行业专家、投资专家等作为兼职教师。他们通过开展专题讲座等形式，不仅能让本校教师更新其理论知识，还能传授有用的实践经验给大学生，提高学生对创新创业的兴趣和积极性。

由于创新创业教育具有实践性与理论性这两种特征，所以创新创业教师一般都是教师团队中的中坚力量，因为他们能够同时驾驭创业教育课程中的理论课程的教导还有实践课程的指导，是高校师资培养的重点目标。具体到三类师资，不同类型的师资应该对应不同的具体培养目标，如图 3-7 所示。

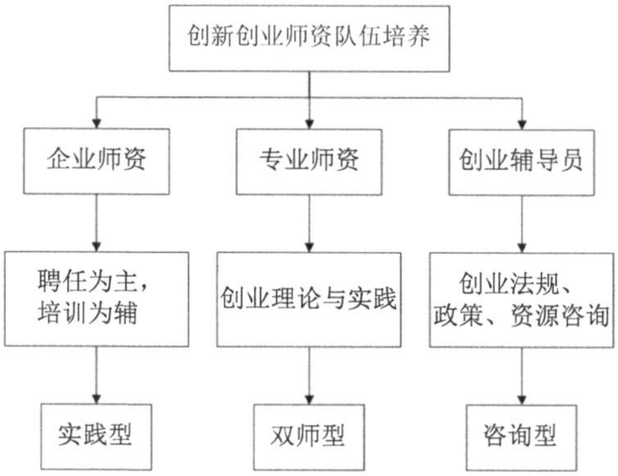

图 3-7　创新创业师资队伍培养目标示意图

（一）搭建创新创业师资队伍的分层框架

“全校性创新创业教育”是未来中国高校创新创业教育发展的总体方向。因此，对于创业师资的选拔与培养必须兼顾三方面的内容，分别为创业实践、创业理论、创业指导；所对应的师资也各有不同，分别为企业师资、专业师资、创业辅导员这三类。创新创业师资队伍分层框架的构建见图 3-8。

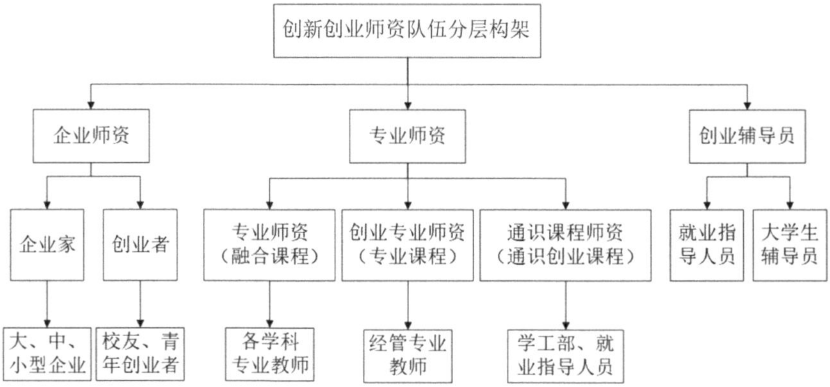

图 3-8　创新创业师资队伍分层框架的构建示意图

（二）搭建创新创业师资队伍的选聘平台

针对创新创业师资力量严重不足问题，通过积极搭建师资选拔和聘用平台，完善教师激励机制，多渠道、多方式吸引优秀教师从事创新创业教育工作。创新创业师资队伍的选聘可从以下几个方面着手。

1. 管理队伍建设

加强创新创业教育管理队伍建设，建立一支专兼结合的高素质管理队伍，为创新创业教育持续发展提供有力的支持和保障。

2. 选聘专任教师

选聘的专任教师一方面要从事有关创新创业的基础性教学工作，在全校范围内开设有关国家规定的创新创业基础课程；另一方面则要从事高校创新创业教育发展规划及研究工作，重点进行创业经济研究、创业管理研究、创业教育研究、师资队伍创业培训研究等，为学校创新创业教育发展提供人力和智力保障。选聘专任教师指选拔和聘用具备创新创业专业结构知识、熟悉创新创业教育教学规律的教师专门从事创新创业教育教学及相关研究。

3. 分批培训教师

要培养具有创新意识和创新能力的学生，首先就要培养有创新意识和创新能力的教师。学校必须对全校教师采取分批次、专业化、岗位化的创新创业教育培训，将教师参加创新创业教育培训并获得合格证书作为教师上岗、上讲台的一项必备资格条件。通过培训，将创新创业理念武装进全体教师的头脑，让教师深刻理解创新创业教育的内涵，认识到创新创业教育对人才培养及社会经济发展的重要性，从而以创新创业教育为契机，更新教育理念，改变传统的教学及考核方式，培养创新型综合人才。

4. 选聘优秀教师

高校要积极聘请企业家、创业成功人士、优秀校友、专家学者等各界创业精英作为兼职教师、创业教师，为学生开展创新创业提供实践指导。聘用有创新创业实践经验的人员作为兼职教师，进一步丰富师资队伍数量，完善师资队伍结构。

第四节　质量保障体系的建立

质量保障体系的建立是大学生创新创业人才培养研究的保障，只有确立完善的质量保障体系，才能从各方面确保大学生创新创业人才教育的教学质量和教学成果。

一、质量保障体系建立的目标原则

（一）质量保障体系建立的目标

创新创业人才质量评价应具备良好的引导和激励功能，被评价者能够自觉运用所认可的评价指标和内容来调整个人行为，从而达到鼓励学生在感兴趣的领域自由发展，深入挖掘学生潜能的目的。从创新创业教育的内涵来看，创新创业人才培养质量的评价归根结底要落实到学生的创新能力、实践能力、创造能力、就业能力、创业能力等方面，要体现出学生素质的提升与变化，从而指引高校人才培养的方向。创新创业教育的内涵不仅在于使人才将创新能力用于创办和经营某家企业，更应该包括对学生知识、技能、综合素质和个性的培养和提升。

（二）质量保障体系建立的原则

1. 多样核心原则

创新创业人才培养质量评价指标体系的构建应抓住创新创业人才的素质结构特点，在指标体系、评价方式的选择和设置等方面要尽可能把握住创新创业人才培养的核心。创新创业人才培养过程的多元化导致其人才培养质量评价方式也是多元化的，表现出多层次和多形式的特点。

2. 科学合理原则

评价体系的科学化是保证创新创业人才培养活动科学化的基本条件，其科学化主要体现在评价指标和评价方式的科学性，以及所采用的评价指标体系是否清晰、明确，评价方式是否合理、准确，并力求全面、客观地反映和描述。

评价体系的合理化主要指评价体系是否适合评价对象的实际情况。正是评价对象的差异性决定了评价体系要符合合理化的原则，我们应根据不同的评价对象选用不同的评价标准，以保证在实现评价体系科学化的同时实现评价的合理化。

二、质量保障体系建设的内容

要建立行政和学术体系下的教育质量保障体系就需要对大学创新创业教育的质量进行深入评价和剖析。构建高等院校创新创业教育质量评估制度，是大学创新创业教育质量管理保障体系的重中之重。教育质量保障不仅包括创新创业教育师资、物资等保障，还包括创新创业教育的教学成效保障。在此基础上，本书认为要建立以加强创新创业教育评估为焦点的创新创业教育质量管理保障体系，按期考评高等院校创新创业教学的组织状况与教学成效，随时监测并对其实施情况进行考评，为提高教学质量提供科学依据并充分利用各种资源。

《国家中长期教育改革和发展规划纲要（2010—2020）》指出，教育改革的关键任务是提升教学质量，树立以提高教育质量为中心的教育发展观，构建以提高教育质量为方向的管理体制和工作制度。针对高等院校，教育改革发展的关键任务也是努力提高教育质量。高等院校可以组织创新创业质量保障领导负责小组和专家小组，利用行政力量和学术权威，协同保障创新创业教育质量。①

（一）政策保障

政策保障的现状不仅表现在高校对创新创业教育的行政支持，例如是否组织由学校领导带头的创新创业教育任务领导小组，及时处理与创新创业教育有关的各项工作；而且还表现在高校对此类教育的学术支持，例如是否构建与创新创业教育有关的学术研究激励制度，是否组建创新创业教育专家小组，为创新创业教学质量的提高提供坚实的政策基础。

（二）师资保障

教师队伍情况不仅表现在本校创新创业教育专职教师和兼职教师的人数，因为教师人数的多少可以看出高校开设创新创业课程的多少，而且表现在优秀教师占全部教师的比例，包括拥有博士学位教师的比重和正副教授比例。

（三）资金保障

开展教学活动的经费主要包括显性课程和隐性课程管理运行的资金投入，也包括对优秀人才投资的花费，例如补贴优秀学生参加创业实践比赛所需的花费、创业项目研究经费等。创新创业教育能否顺利开展的核心是资金的投入。高等院校创新创业教育资金的投入由两部分组成，一是基础资金投入，即创新创业教育研究资金的投入；二是重点资金投入，即开展创新创业教学活动的资金投入。

① 裴小倩，严运楼．高校创新创业教育协同机制研究 [M]．上海：上海交通大学出版社，2018：137.

（四）管理保障

创新创业教育管理人员的范围很广，即在创新创业教育体制中除了教学教师以外的所有人员。他们主要从事与创业教育隐性课程相关的工作和对组织管理人员投入情况的考评，如是否建立专门的创新创业教育管理机构、管理创新创业教育的职员数目等。

（五）基地保障

基地建设投入的考评标准包括软件标准和硬件标准，软件标准包括基地配有的理论教学教师和实践引导教师，硬件标准包括创新创业教育基地的个数和基地能容纳的学生人数等。基地主要包括创新创业教育理论研究基地和创新创业教育实践锻炼基地。理论研究基地建立在校内，学生在这里学习理论知识，是学生学习理论知识的主要地点。实践锻炼基地为有创业意愿的学生提供实践锻炼的重要场地，该基地一般在校外，主要由高校结合政府和公司建立。

（六）课程保障

高等学校创新创业教育教学方法是指高校为了培养出具备较高创新创业意愿、熟知创新创业理论知识和掌握实践能力的学生，在教学中采用各种办法将教学目标转变为教学成效。本书认为创新创业教学应采用传授与启发研究相结合、理论与实践相结合的教学方法，也可以采用实践教学法、理论传授法、案例教学法、研究型教学法、启发型教学法等教学方法。高等学校创新创业教育的显性课程主要包括大学必修课、选修课或者辅修课，这些课程能让学生获得创新创业教育的基础理论知识；另外也包括专业课程、思想道德教育课程、通识课程等课程，有利于提高大学生创新创业的能力。

（七）服务保障

学校应充分利用好网络和图书馆强大的宣传信息的作用，可以在图书馆设置一个为同学们提供创新创业教育系列书籍的专门书架，在书架上面摆放整理好的有关创新创业方面的书籍和期刊，而且实时更新有关创新创业类的文献资源，让师生享受到各方面的信息服务。完善创新创业教育服务保障体系需要做到以下两点。第一，创建大学生创新创业指导服务中心。指导服务中心一方面可以向创业实践队伍提供经费、场所和人才等支持，另一方面还可以强化大学生与企业之间的联系。所以，各学校应结合本校具体情况设立专门的创新创业指导服务机构，为创业的学生和创新项目提供一对一帮助服务并给予及时指导，时刻关心他们未来的发展趋势，对于创业失败的学生要帮忙分析问题找出对策，鼓励他们继续努力。第二，创建创新创业教育实践基地的重要性。高等院校应该为学生提供一个将想法变为实际的场所，构建完善的、设施齐全的创新创业教育实践基地。建立好创新创业教育实践平台后，要充分利用其实践功能，向全校师生宣传，扩大受益群体数量，并进一步规范其管理制度。

第四章

大学生创新创业的主要内容

创新创业教育作为高等教育适应经济、社会和国家发展战略所需的一种教学理念与模式，是每一所高校都应当加以重视的对象。创新创业所包含的内容丰富且复杂，本章从创新思维与创新能力的培养开始，论述大学生在创新创业过程中面对创业机会、创业团队组建、创业风险、创业计划书、企业创办等问题时的有效处理办法。

第一节 创新思维与创新能力的培养

一、创新思维

（一）创新思维的概念

创新思维又称创造性思维，与其相对应的是常规思维。常规思维是指人们运用已获得的知识经验，按已有的方案和程序直接解决问题。

许多心理学家认为，创新性思维是多种思维的综合表现形式。它既是发散性思维与复合性思维的结合，同时也是直觉思维与分析思维的结合。广义的创新思维是指人们在提出问题和解决问题的过程中，一切对创新成果起作用的思维活动。狭义的创新思维是指人在创新活动中直接形成创新成果的思维活动，常常是非逻辑思维的一种形式。人们普遍认为，创新思维是从旧有知识经验中产生，经过重新组合，进而对实际问题提出新颖的解决方案，并创造出崭新的思维成果的思维活动，是一种不受固有思维束缚的思维模式。

创新思维能够使人们的思维具有超前性、变通性，并具备丰富的想象力、强大的感知力、敏锐的洞察力，能够打破固有常规，突破旧有传统。对于人而言，创新思维是可以通过学习与刻意练习来改变与提高的。大学生接受外界事物与适应变化的能力要高于普通群体，完全可以通过坚持不断地培养和刻意练习提升其创新思维能力。爱因斯坦指出：“想象力比知识更重要，因为知识是有限的，而想象概括着世界上的一切，推动着进步，并且是知识进化的源泉。严格地说，想象力是科学研究中的实在因素。”[①] 创新思维的运用其实本身就是感性认识上升为理性认识的一个过程，也就是将感性认识中的创新观点进行研究和探索，使其上升至理性层面。

（二）创新思维的类型

创新思维是人类智力水平高度发展之后的产物，能给人类带来许多新的、包含丰富价值的成果。创新思维是多种思维统一的结合体，与创造性活动联系紧密。人类社会的优点就在于能够不断进行创新，构建想象共同体。在社会中，每

① 万生新，姬建锋．大学生创新创业教育［M］．西安：陕西人民出版社，2019：16.

个人即使只是一个小小的工作者，但仍旧需要具备创新思维来改变旧有的、固有的思维定式，建立新的思维习惯。以下介绍六种常见的思维类型。

1. 发散思维

发散思维又称求异思维、辐射思维、放射性思维或扩散思维，是指人们沿着不同的方向思考，重新组织当前的信息和记忆系统中储存的信息，产出大量的、独特的新思想，表现为思维视野广阔，呈现出多维发散状。这种思维的主要功能是求异。作为一种创新方法，发散思维被广泛用于科学研究、科技发明以及企业的经营活动中。事实上，发散思维是创新思维的最主要特征，同时也是测定创造力的主要标志之一。发散思维是典型的、艺术化的思维，能促使人们提高对工作、生活和学习的激情，是兴趣的乐园和智慧的发源地。

发散思维具有流畅性、变通性、独特性、多感官性等特点。常见的发散思维的表现形式有平面思维、立体思维、逆向思维、横向思维、纵向思维和组合思维等。

（1）平面思维

一般意义上，平面包含点、线、面三个基本要素，所以平面思维一方面是指人类的各种思维线条以联想和想象为核心，在平面上聚散交错；另一方面，也是线性思维向纵横双向扩张的结果，从而具有丰富的调阅性和广阔性。

（2）立体思维

立体思维是指跳出点、线、面的限制，从空间网络、时间网络和事物联系的网络以至于占领整个立体思维空间思考问题；具有纵向垂直、横向水平、交叉重叠的组合优势；扩大思维活动范围，拓展提高思维的各种可能性。

（3）逆向思维

逆向思维就是对司空见惯的、业已定论的事和观点，进行反向思考的一种思维方式。这种逆向思考的方法对于某种特殊问题，倒过来从结论往回推，会比正向思维更简单、便利。运用逆向思维去思考和处理问题，实际上就是以“出奇”达到“制胜”。因此，逆向思维的结果常常会令人大吃一惊，别具一格。

逆向思维具有普遍性、批判性、新颖性等特点。常见的逆向思维的方法有怀疑法、对立互补法、悖论法、批判法、反事实法五种。

（4）横向思维

横向思维是指突破问题的结构范围从其他领域的事物、事实中得到启示而产生新设想的思维方式，它不一定是有序的，同时也不能预测。具有这种思维方式的人，思维面都不会太窄，且善于举一反三。横向思维是通过明显的、不合逻辑的方式寻求解决问题的方法，主要作为对传统的批判和分析性思维方式的补充，具有激发新观念、完善构思、保持思维开放状态以及进行改造等作用。横向思维的特征是寻找更多答案、更多方案，但其欠缺一定的深度。

（5）纵向思维

纵向思维是指在固定的结构范围内，按照有逻辑的、系统的、可预测的思路所进行的思维形式。由于纵向思维是顺着事物发展方向进行的思考，所以是较为符合人类认知习惯的思维方式。通常情况下，纵向思维方式遵循由低到高、由浅到深、由始到终等过程，是从不同层面切入，具有突破性、递进性、渐变性的联系过程。事物发展的过程性是纵向思维得以形成的客观基础，纵向思维在事物的萌芽、成长、壮大、发展和衰亡过程中可捕捉到事物的规律性，即对事物发展过程的反映。因而，纵向思维是我们对日常生活中的形势进行分析和研究常用的方法。

纵向思维具有五个特点：一是由轴线贯穿的思维进程；二是清晰的等级、层次和阶级性；三是良好的稳定性；四是目标性、方向性明确；五是强烈的风格化特点。

（6）组合思维

组合思维也叫合向思维和连接思维，即将多项看上去没有相关性的事物以一定的条件连接起来，进而使其变成一个不可分离的新整体的一种思考方式。组合思维具有创新性、广泛性、时代性和继承性等特点。常见的组合思维的形式有同类组合、异类组合、重组组合、共享与补代组合、概念组合和综合组合六种组合形式。

2. 集中思维

集中思维又称收敛思维、求同思维和聚合思维。集中思维是一种有方向、有范围、有条理的收敛性思维方式。这种思维方式与求异思维相互依存、相互补充，结合形成完整缜密的思维体系和程序，善于从多种不同角度、不同信息源中引出一种结论，有助于对思维对象的把握和思维层次的发掘。例如，教师根据各种教学参考资料归纳出一种正确的结论传授给学生。在进行这种集中性思维时，往往需要把已提供的各种信息加以重新组织，然后找出最好的解决方案。

集中思维与传统意义上的思维定式完全不同：思维定式是利用习惯性的思路将思维引向机械僵化、狭隘片面、重复模拟的歧途；集中思维则在强调真、变、新的同时，并不将求异走向极端，而只当作一种追求。在创新活动中，通过发散思维提出种种假设，然后使用求同思维挑出好的设想。发散思维体现了“由此及彼”和“由表及里”的思维过程，聚合思维体现了“去粗取精”和“去伪存真”的思维过程。

3. 联想思维

联想思维是在人类大脑记忆系统中存在的一种自由思维形式，是一种由于某种诱因导致不同表象发生联系的没有固定思维方向的思维活动。事实上，联想思维是以事物的普遍联系为基础的，主要的思维形式包括幻想、空想、玄想。其中，幻想尤其是科学幻想在人们的创新活动中具有重要作用。联想思维具有连续性、形象性和概括性的特征，其突出特征是悖逆性、挑战性、批判性。联想思维可以使我们扩展思路、升华认识、把握规律。常见的联想思维的类型有相似联想、对比联想、接近联想、关系联想四种。

① 相似联想是指由一事物联想到另一个与它在性质上接近或类同、近似的事物。比如，想到大海时会想到沙滩、想到海鸥、想到海豚、想到珊瑚礁、想到浮潜等。

② 对比联想是指由一个事物联想到与其具有相反特点或特征的另一事物。比如，黑夜和白昼、夏天的酷热与冬天的严寒。

③ 接近联想是指从一个事物的某个特征联想到时间上或空间上较为接近的另一个事物。比如一提到医生，就能想到医院、药品、针、白大褂等相关的东西。

④ 关系联想是指由事物所具有的各种关系而形成的联想思维。

4. 综合思维

综合思维又称复合性思维，是把某一事物的某些要素分离出来，组建到另一事物或事物的某些要素上的创造性思维过程。综合思维有着全局性、高层次的认识水平，是掌握系统整体及其结构层次的思维方式。综合思维中的分析是综合性的分析，将综合作为起点也以综合为归宿，也就是从综合到综合分析再到新的综合这样一个思维进程。这种由“综合而综合”的思维方式体现了对已有智慧、知识的交杂和升华，绝不是简单的相加或拼凑。比如“盲人背瘸子”就是典型的综合思维，二人充分发挥优势，形成优势互补，从而达到不仅可以看见，还可以行动的目的。

5. 逻辑思维

逻辑思维常被称为抽象思维，是符合某种人为制定的思维规则和思维形式的思维方式。逻辑思维有明确的条理性，其思维方式一般是确定的、有依据的，而不会产生前后矛盾的问题。逻辑思维常常会使用判断、推理等思维方式，运用分析、比较、抽象、概括等方法，对逻辑相关形式和方法的掌握及运用就会形成逻辑思维能力。逻辑思维具有规范、严密、确定且可重复的特点。常见的思维类型有经验型和理论型两种，其中经验型常局限于经验，思维水平较低；理论型以理论为依据，运用科学的概念、原理等方式进行判断推理，思维水平较高。①

6. 灵感思维

灵感思维是指在对事物的接触及思考中，因受到某种启发而产生的创新思维方式，是文学艺术和科学研究中经常出现和运用的一种创新思维方式。灵感思维是一个过程，是灵感产生的过程，不是一种简单的逻辑或非逻辑思维活动，而是逻辑思维与非逻辑思维相统一的理性思维过程。由于灵感思维具有偶然性、模糊性等特点，因此人们需要学会如何把握住转瞬即逝的灵感思维来促进新事物的产生。常见的灵感思维有：自发灵感、诱发灵感、触发灵感和迸发灵感四类。灵感思维的方法有：久思而至、触类旁通、见微知著、梦中惊成、自由遐想、急中生智、另辟蹊径、原型启示、豁然开朗、巧遇新迹等。

久思而至指个体经过长期思考仍旧没有思考明白，却在无意之中获得灵感和答案，从而完成思考的一个过程。正如俗语所说的“念念不忘，必有回响”一样。

触类旁通是人们偶然从其他领域的既有事实中受到启发，进行类比、联想、辨证、升华而获得成功。这往往需要思维主体具有更深刻的洞察能力，能把表面上看起来完全不相干的两件事联系起来，进行内在功能或机制上的类比，即所谓“他山之石，可以攻玉”。

见微知著是从别人觉得稀奇的平常小事上，敏锐地发现新事物的苗头并且深挖下去直到做出一定创新为止。见微知著须独具慧眼和敏捷的思维。

（三）创新思维的培养

经学者研究表示，人类创新思维的掌握和发展并不是自发形成的，而是需要

① 万生新，姬建锋．大学生创新创业教育［M］．西安：陕西人民出版社，2019：22.

有目的、有意识地进行计划性培养。以下将介绍三种创新思维的训练方式以供培养借鉴。

1. 发散思维训练

发散思维是面临问题时思路从一条延伸到多条、从一个方向到多个方向的思维方式。换句话说就是如果一个问题的答案有多种可能，那么就以这个问题为发散点，思考问题的方向以这个发散点为起点向外发散，尽可能多地发现合适的答案，而不仅仅局限于找出一个准确的答案。在训练发散思维的实践中，教育主体要有意识地拓展教育客体思维发散的角度，延伸思维观察的范围，提高团队合作精神，进而规避一成不变，从而让思维“软化”。训练发散思维有以下几种方式。

（1）头脑风暴法

头脑风暴法与集思广益法相似，都是指在限定时间范围内，快速运用联想功能，再将各种瞬时产生的想法和观点收集起来进行分析和研究。这种方式适合团队运用，在充分发挥成员智慧、想象力和创造力方面具有明显的优势。比如常见的小组讨论往往比个人冥思苦想更容易擦出“成功”的火花，更甚者，个人天赋也极易发挥到极致。因此，头脑风暴法在激发大学生的发散思维方面是十分有用的。此方法具有思想自由开放、尊重个体创造、重视想法数量、提倡团体互帮互助等特点。

（2）逆向构思法

逆向构思法则以与常规方向相反的方向为出发点，根据已有线索拟定存在的问题，打开思路，提出更新奇的想法。逆向构思法是目前科学技术研究领域中使用率最高的方法之一。根据人们思维的内容，这种方法可以细分为：从现有事物的相反功能想象新的创造，即功能性反转；从现有事物的相反结构设想新的创造，即结构性反转；改变现有事物的因果关系，从而引发新的创造性思想和观念，即因果关系反转。

2. 直觉思维训练

大学生在掌握知识的过程中，他们的直觉思维通常表现为突然提出一个奇怪的问题，或是大胆的猜想，或是一种即兴的回答等。大学生思维敏捷，想象力丰富，当有一个好想法、好主意萌生时，应该及时抓住这转瞬即逝的创造性思维的“火星”，更要善于培养个人的直觉思维。

直觉思维训练有以下几种方式。

（1）大胆设想法

大胆设想法是一种彻底突破现有事物和想法的束缚，并大胆想象那些还不可能的事物的创新方法。大胆设想是建立在探索和对比的基础上的，是形象思维主体和知识逻辑主体的有机结合。

（2）还原法

还原法也被称为回顾性思维，是指对现有结论或事物的结果应用还原和回溯的思考方法，考虑其原因，揭露其谬误，拒绝旧的偏见，并建立新的理论和观点。这种由果推因的思维方式在科学技术发明中得到了广泛应用。

3. 形象思维训练

（1）图像法

图像法是利用符号转移创造性思维的一种方式。人类对各种抽象符号的使用，并利用其进行社交活动，大大促进了人类创造性思维的发展。图像法将复杂的事物用符号、图形和图像直观地表达出来，容易找到事物之间的内在联系，可以自由地进行脱离实际的构思或进行新的组合。

（2）联想法

联想法是将现有的知识经验和特定的对象进行构建联系，从它们的联系中获得启发的一种思维方法。联想法忽视两个概念的不同，而将它们共同的特点有机联系起来。人们有意识地进行联想，不仅有利于增强想象力，还有利于扩展思维空间，为深入的创造或创新奠定基础。

二、创新能力

（一）创新能力的概念

人类的决策活动是一种不断推陈出新的智力活动，每一种决策方案总有不同于其他方案的新意，因此，每一个决策主体都要具有基本的创新能力。人类社会之所以不断发展，社会的物质文明和精神文明之所以不断提高，就在于人类具有创新能力。创新能力是一个人、一个领导者有所发现、发明、创造、贡献的前提条件。创新能力是人的自觉能动性的集中体现。

创新能力是创新主体对无法用传统方法或程序来解决的问题，采用新颖或独特的创造性方式加以解决的能力，是创新主体在创新活动中表现出来并发展起来的各种能力的总和。

创新能力就理性认识角度而言包含运用创新思维的能力和实施创新所需的一切能力的总和。创新思维的能力就是在提出问题和解决问题过程中想前人之未想的能力，主要包括思维能力、记忆能力、观察能力和想象能力。实施创新所需要的能力较为广泛，主要包括观察能力、理解能力、分析能力、记忆能力等基本能力，是各种基本能力的综合运用。各种基本能力既相对独立，又相互依存、相互促进。

从实践的角度看，创新能力表现为发现问题的敏锐观察能力、统观全局的统摄思维能力、拓展思路求索答案的能力、借鉴经验开拓新途径和转移经验的能力、远见卓识预见未来的能力。不同的人所具有的创新能力不同，比如有些人具备艺术创新能力，有些人具备经营、管理创新能力，还有些人具备科技创新能力。现代科学研究表明，在一定智力水平（IQ≈120）以上，创新能力的大小就与智力无关，某些特殊领域如文学、艺术等，创新能力与遗传因素有一定相关性。①

（二）创新能力的培养

大学生的创新能力不是天生就有的，也不是在某种因素的刺激下一蹴而就的，而是主观和客观层面长期训练之后的结果。由此可见，大学生创新能力的培养是一个系统化的进程，具体的培养方法可以从以下四个方面入手。

1. 加强主观认识，重视自身创新能力的培养

在大学生学习和生活中的各个方面都需要创新能力的贯彻。知识水平和能力是直接影响创新意识的基本条件。如果没有深厚的知识和获取知识的渴望，更高水平的创新很难实现。另外，创新还需要敏锐的观察力、丰富的想象力、强大的逻辑思维能力，以及识别、判断和选择能力，这些都需要自觉学习和积累。

2. 开展创造性和创业教育，培养学生的创新意识

高校是为国家提供创新型人才的主要阵地。早在 20 世纪 70 年代，美国就提出了培养创新型跨世纪人才的目标。20 世纪 80 年代，日本把学生的创造能力作为 21 世纪教育的目标。我国现代化的高速发展也提出了培养大批创新人才的需求。

创新创业教育旨在培养具备创业基本素养和创造力的人才，分阶段、分层次地对学生进行创新思维养成和创业能力锻炼。通过培养大学生的创新意识和创新

① 万生新，姬建锋．大学生创新创业教育 [M]. 西安：陕西人民出版社，2019：43.

能力，为学生的创新创业奠定实践基础。

3. 组织创新和创业实践

各高校应当利用好高校创业园区、创业实习示范基地等创新创业活动平台，为大学生广泛开展创新创业实践活动，为他们走出校园自主创业积累经验，进而提高创业成功率。

4. 参加创新创业竞赛

创新创业竞赛能够利用较多的形式为有创新创业能力和想法的学生提供可操作的平台，还有利于激发大学生的创业热情，营造良好的创新创业氛围，引导大学生树立创业理想。参加创新创业竞赛有利于大学生进一步深化对创新创业的认识，增强创新创业的勇气、信心和能力，为实现创业梦想打下坚实的基础。目前大学生创新创业竞赛项目主要有国家级大学生创新创业训练计划“创青春”、全国大学生系列科技学术竞赛、全国大学生数学建模竞赛、全国大学生电子设计竞赛、全国大学生智能汽车竞赛、“未来伙伴杯”智能机器人大赛、全国大学生电子商务“创新创意创业”挑战赛、“互联网 +”大学生创新创业大赛等。

第二节　创业机会的识别与把握

正式进行创新创业时需要一个创业的机会，大学生要想迅速而又准确地搜寻到创业机会需要主动把握。而把握创业机会之前要先明确创业机会的来源，并能识别出有价值的机会，把握机会之后积极行动，从而将创业构想付诸实践。

一、创业机会概述

（一）创业机会的含义

著名创新创业理论学家杰夫里·A. 蒂蒙斯认为，好的创业机会应具有如下特征：很能吸引顾客（需求）；在商业环境中行得通；必须在机会窗存在的期间被实施（赶在竞争对手前行动）；要有必要的资源（人、财、物、信息、时间）与技能。他还认为，创业机会是指尚不明确的市场需求或者尚未被利用的资源和能力。[①]创业机会有以下三个重要特点：①持续一段时间；②市场会成长；③创业者有条件利用。

创业者熊彼特认为，创业机会是在迎合市场需求的基础上，将社会中已有的资源进行整合，并在此过程中传递有益的价值。[②]简单来说，创业机会是指一种能够吸引客户，且能够持久地利用于创业活动的一种商业机遇，创业者需要抓住这个机会及时为客户提供符合其需求的产品与服务，并在这一过程中获取收益。

（二）创业机会的类型

创业机会按照不同的标准可以分为不同的类型，具体如下。

1. 问题型机会

问题型机会是指由现实中存在的尚未解决的问题所带来的一类机会。问题型机会广泛存在于各大企业和人们的日常生活，如货品种类不齐全、货品质量差、顾客满意度低等，在解决这些问题的过程中就极可能产生或大或小的创业机会。

2. 趋势型机会

趋势型机会是一种带有预测性质的机会，主要是指创业者在市场变动中摸索到未来的发展趋势，并准确预测出未来市场的潜力所在。趋势型机会一般出现在经济变革、政治变革、人口变化、社会制度变革、文化习俗变革等多个方面，一旦被人们认可，它产生的影响将是持久的，带来的利益也是巨大的。

3. 组合型机会

组合型机会是将现有的两项及以上的技术、产品、服务等因素组合起来，在创造新的用途和价值时获得的创业机会。现实社会中大部分的商业机会都是组合型机会。在校大学生可以从身边出发，通过自己创新性的思维将现有产品或服务进行整合，更好满足市场需求，实现自己的创业梦想。

4. 梦想型机会

梦想型机会是市场需求未得到识别且资源和能力不确定，也就是说“问题”及其解决方法都未知的创业机会，具体表现为艺术家、设计师和发明家的创造性。他们感兴趣的是将知识的发展推向一个新方向和使技术突破现有限制。

① 廖益，赵三银．大学生创新创业入门教程 [M]．北京：北京理工大学出版社，2019：192.
② 苏白茹．大学生创新创业基础 [M]．厦门：厦门大学出版社，2019：90.

5. 尚待解决型机会

尚待解决型机会是市场需求已识别但资源和能力不确定，即“问题”已知但其解决方法仍未知的创业机会，描述了有条理地搜集信息并解决问题的情况。在这种情况下，机会开发的目标往往是设计一个具体的产品、服务以适应市场需求。

6. 技术转移型机会

技术转移型机会是市场需求未得到识别但资源和能力确定，即“问题”未知但可获得解决方法的创业机会，如寻找应用领域和利用闲置的生产能力。这种开发机会强调的是寻找应用的领域，而不是产品、服务的开发。

7. 市场形成型机会

市场形成型机会是指市场需求已识别且资源和能力已确定，即“问题”及其解决方法都已知。这种机会强调将市场需求与现有的资源进行匹配，从而形成可以创造并传递价值的新企业。

（三）创业机会的来源

有关创业机会来源的说法众多，其中以美国凯斯西储大学谢恩教授提出的产生创业机会的四种变革这一观点最具代表性。谢恩教授认为创业机会的产生源自四个方面。

第一，技术变革，如移动互联网的发展给相关行业带来的机会。第二，制度变革、政治和管理变革，如中国的改革开放给众多消费品行业带来的机会。第三，社会变革及社会和人口的变化，如人口老龄化给养老产品带来的机会，再如西方国家的情人节、母亲节等诸多节日正在逐渐影响中国人的生活，因而创造了许多新的创业机会或价值增值。第四，产业变革和产业结构的变革，如电子商务、新零售等新业态的出现。

二、创业机会的识别

创业者在创业过程中首先要具备的才能就是对于机会的识别能力。能够从各种各样的创业机会中识别出正确又有价值的那一个，是创业者开始创业的起点。因此，每个创业者都应当具备创业机会的识别能力，在创业的过程中不断挖掘并清楚分辨那些新的创业机会。创业机会的识别首先要求创业者在识别新机会的过程中，站在对大环境进行分析的基础上，运用创业者个体因素（包括创业警觉性、先验知识、社会网络和创造力）、机会因素及各因素的交互作用，对未来的可能性进行评价。

1. 识别创业机会的要素

（1）经验

是否拥有足够的经验是创业者能否正确识别创业机会的重要影响因素之一。一个切实投身创业实践的创业者一定比那些只停留在外部观察的创业者更有经验，也更容易发现新的创业机会。这种依靠先前累积的经验来识别新的创业机会的方式，在专业领域里被称为“走廊原理”。“走廊原理”顾名思义是指创业者创建企业的过程就好比在走一个幽深的走廊，一开始模糊不清，但随着不断前进的过程，走廊的视野会逐渐变得更加清晰。

（2）认知

创业机会的识别过程其实也是一个人的认知过程。有人说，创业者在创业过程中会有自己的“第六感”，这个“第六感”能够帮助创业者敏锐地识别到被别人错过或放弃的机会，所以也可以说这种“第六感”是创业者在创业过程中保持着的一种认知警觉。而这种认知警觉很大一部分是来源于创业者在创业这个领域中是否拥有比别人更多的知识，认识得越多，相应的认知警觉性就会越高，所以警觉在很大程度上也是一种习得性的技能。

（3）关系网

一项针对 65 家初创企业的调查发现，半数创业者报告说，他们通过社会联系得到了他们的商业创意。类似的研究考察了独立创业者（独自识别出创业机会的创业者）与网络型创业者（通过社会联系识别机会的创业者）之间的差别。研究人员发现，网络型创业者能比独立创业者识别出更多的机会。个人在组建自己的社会关系网络时，其深度和广度都是影响创业者对创业机会进行识别的因素之一，因为相比较之下，往往是建立了更深层次以及更加广泛的社会联系网络的人更容易获得创业机会以及在创业过程中迸发创意。①

（4）创造性

机会识别在一定程度上也是一个创造过程，是一种反复的创造性思维过程。创造性能帮助创业者在产品、业务和服务的形成过程中发现新奇、有价值的创

① 张丛，于元涛，刁玉锋．创新创业教程 [M]．上海：上海交通大学出版社，2017：83.

意。因此，创造性也是影响创业机会识别的重要因素之一。

2. 识别创业机会的过程

（1）感知

识别创业机会过程中的感知是指创业者能感觉或认识到尚未被发掘的市场需求或尚未得到充分满足的市场需求。

（2）发现

发现 — 识别或发现特定需求与专门资源间的配合，通常用“机会窗口”来识别。美国风险投资业内的一项研究调查发现，机会窗口存在的时间与创业成功率之间有一定联系：当机会窗口的时间短于 3 年，新创企业的失败率高达 80% 以上；而如果机会窗口的时间超过 7 年，则几乎所有相关的新企业都能获得丰厚的回报。①

机会窗口是一种隐喻，“窗口”类似于“风口”，实际是指将商业想法成功推广到市场上所花费的时间。“窗口”就像通往市场的一扇门，一旦新产品、新想法顺利在市场落地生根，“机会窗口”就开启了。但是，随着市场不断成长，大量企业涌入市场，让市场饱和度达到极限，“机会窗口”就会关闭。

（3）创造

创造，就是要有新的东西产生，以商业概念等形式创造出一个新的独立的需求，并通过与已有的资源或是技术的配合来进行创造发明，达到为市场和消费者提供新的产品与服务的目的。这样，不仅能够满足消费者日益更新的需求，也能给创业者的创业过程开辟一条新的路径，从而在市场中脱颖而出。例如，随着电脑的诞生，电脑维修、软件开发、网上开店等创业机会随之而来，即使不发明新的东西，也可以为销售和推广新产品的相关人员提供商机。

三、创业机会的评估

（一）创业机会的评估要素

创业机会的评估需要考虑的因素很多，主要有创意的竞争力、行业和市场、团队竞争力和经济回报率等等。

① 张少平，陈建兰．创业筹划 [M]．广州：华南理工大学出版社，2012：171.

1. 创意竞争力

只有那些有价值和竞争力的创意才值得投入时间和精力去进行开发。创意是否具有价值，需要符合新颖性、真实性和价值性的特点。如果具备以上三个特性，就需要具体分析其在市场上的竞争力。一般来说，要确认并且列出所有竞争产品和竞争企业，而且至少要与三个满足相似市场需求的竞争对手的产品或服务进行对比。通过分析突出自己产品或服务的差异性，形成独特的卖点。与市场上竞争对手的产品或服务相比，企业的产品或服务至少要具备三至五个与众不同的特点。

2. 行业和市场

进行创业机会评价时要关注提供相同或类似产品或劳务的行业，包括其竞争情况、收获条件等，在行业的“机会窗口”打开期间进入才能获利。此外，还应关注消费市场，只有市场足够大，才能够收回成本获取利润。行业是指生产同类产品、具有相同工艺过程或提供同类劳动服务的经济活动类别。行业主要由出售者构成，所谓出售者主要包含生产者和劳务提供者两类人。市场主要是由顾客构成的，顾客有自身的欲望和需求，他们通常愿意且能够通过交换的方式来满足他们自身的需求。所以，创业者需要在真正的创业过程中清晰地界定市场并进行细致的划分。

（1）市场需求

市场由消费者构成，想要评定一个创业机会是否有市场价值，主要是分析这个市场中的消费者是否具有购买力、是否具有强烈的购买倾向。衡量一个创业机会是否是好的创业机会，首先要看这一创业机会是不是有一个精准的市场定位，是否能在满足消费者需求的同时，为消费者本身带来增值。因此，在满足消费者需求的同时，要综合考虑产品或服务的价格、地点和时间。

（2）市场结构

每个市场都有其自身的市场结构，市场结构的主要作用在于反映企业在市场中的竞争能力与所处地位。对于一些即将进入市场的新企业而言，了解即将进入的市场的实际结构以及市场竞争激烈程度都是提高自身市场竞争力，增强自己企业适应度的重要前提条件。因此，创业者要学会对创业市场结构进行合理的分析，只有进行合理的分析才能在市场上占有一席之地。市场结构分析一般都是围绕着供应商、顾客、经销商之间的谈判力量，以及替代性产品对自身产品的威胁，还有市场内部竞争的激烈程度来展开的。

（3）市场规模

如果企业一开始瞄准的就是一个已经成熟发展的市场，那么它面对的必然就是一个已经不再有较大利润空间的市场了。因为成熟的市场必然意味着市场的饱和，新加入的企业已无法再有较大的升值空间，也不必再花费精力投入。相反，如果这个时候瞄准的是一个还在成长中的市场，通常就能获得一些意外的收获。因为一个成长中的市场各方面都还在探索，商机也隐匿其中，只要进入的时机正确，必然会有获利的空间。一个规模巨大但是发展并不成熟的市场对于新创企业而言同样是一个不错的选择，因为企业进入这种市场后只需要占有一个小份额就可以拥有很大的销售量，从而获取利润。

（4）增长率

机会经常会被称为是一个“窗户”，也就是说，它是真实存在的，但是它并不是永远都向大众敞开的。市场随着时间的推移而不断发展壮大，市场的发展速度越快，相应地，想要确定市场的难度也就更大。所以，时机很重要，最关键的一点就是确定窗户打开的时间长度，以及能否在窗户关闭之前把握和抓住机会。一个有吸引力的市场通常都是已经有了较大规模但是又在不断成长的。在这样一个市场上，新创企业通常只需要占有一个较小的份额就能够获得较大的利润空间，同时又能不对竞争对手构成很大威胁，所以，市场增长率与“机会窗”密切相关。

（5）市场份额

较高的市场份额意味着较高的价值创造，也就是说，如果一个公司在市场中占有较大份额，那么这个公司本身价值较高且能创造出更高的市场价值。例如，一个未来能占有 20% 的市场份额的新创企业的潜力是巨大的，对投资者也更具吸引力。反之，只占有不到 5% 的市场份额的企业对投资者而言是没有吸引力的。

3. 团队竞争力

在进行评估时，要确保团队中至少有一人具备新创意所属行业领域的相关经验，而且团队成员要对拟开发的项目感兴趣。开发兴趣永远是最好的老师，知识和经验有助于识别并低成本解决开发过程中的问题。创业团队永远是创业中最核心的因素，是决定创业成败的关键，也是风险投资家最看重的因素。因此，创业团队的评价是项目评价中最重要的标准之一。

在变化多端的市场环境、竞争积累的风险决策中，团队管理是投资者决定是否投资的重要衡量尺度。团队在相同或相关行业与市场中，是否在管理技术、营销、利润等方面具备一定的能力和相关经验，经常影响着企业的成功与否。这就决定风险投资者（为企业提供资金的人）会非常重视管理因素，他们经常会说宁愿要一个好的管理团队去经营一个一般的产品或服务，也不想要一个不好的管理团队去经营一个优异的产品或服务。

4. 市场竞争力

一个能吸引人的机会必然具备某些竞争优势，例如，在市场中与同类产品相比具备更低的成本或更好的质量。

（1）成本

成本优势是企业竞争的主要优势之一，较低的成本能为企业带来较大的竞争优势，且低成本也对投资者更具吸引力。一个无法维持低成本生产者地位的新企业，一般而言存活时间也会大大缩短。

（2）控制程度

控制程度是指一个企业对其产品或服务的生产原料和销售渠道的把控力度的强弱。如果一个新企业对其产品的生产与销售具有较强的独占性控制，那么就能弥补它的其他薄弱领域，从而在市场中占据较大的份额。初创企业如果能够对价格、成本、销售渠道等实施强有力的控制，则这样的机会较有吸引力。当所处市场领导者份额小于 20%，且初创企业对价格、成本、分销渠道具有中等或较强的控制力，则市场吸引力较大。

（3）进入壁垒

所谓的“进入壁垒”是指一家企业能否给其他企业进入自己所在的市场带来一定技术、原料或其他要素上的阻碍。没有“进入壁垒”的企业对市场而言不具备不可替代性，因此，它对投资者也是毫无吸引力的。

想要建立进入市场的壁垒一般需要大量的资金投入，如专利权保护、专营的合同优势等。市场壁垒是否建立完善是决定投资者投资与否的重要因素，也就是说，一个企业的产品与服务若没有“进入壁垒”，或者自身面临着诸多进入障碍，那么这个企业就是几乎不会吸引人的。另外，如果不能把其他竞争者阻挡在市场之外，新创企业就可能迅速消失。

5. 经济回报率

一般来说，成长较快的行业、收益率较高的行业都是具有吸引力的领域，值得进行创业尝试。当然，这样的领域也会是竞争较激烈的领域，所以，创业者在开发创业机会时要能够进行风险分析和管理，并设计好商业模式。创业的目的之一便是获取经济回报，因此，经济因素和投资回报也是评价创业机会时需要重点考虑的标准。创业者应尽可能在成本效益原则的指导下，在较短时间内，以较低成本获得较高的回报。

（1）成本结构

若初创公司成本较低则可能面临更有吸引力的市场机会。低成本主要可以来自规模、技术、管理三个方面。对于刚起步的新企业而言，想要依靠行业中的规模经济性实现低成本是很难的；但新企业可以依靠技术和管理来实现低成本，即通过新技术和高效管理有效降低成本，给企业带来低成本优势。

（2）税后利润

税后利润主要是由毛利润转化而来，较高的毛利润能给企业带来相应较高的税后利润。一般而言，有吸引力的企业通常具有取得 15%—20% 或者更高税后利润的潜力，而那些税后利润不到 5% 的企业本身就是十分脆弱的，基本不具备吸引力。

（3）盈亏平衡点

有吸引力的公司有可能在初创一年内达到盈亏相抵及取得正现金流量。一旦达到盈亏相抵和取得正现金流量的时间超过三年，机会的吸引力相应地就减少了。

（4）退出机制

投资是一项具有较高风险的经济活动，投资者也常常需要考虑将所投资金撤回的问题。常见的资金退出途径主要有企业被收购、企业被出售、公开发行股票等。因此，退出机制也是创业者在对创业机会进行评估时不能忽视的重要影响因素。有价值、有吸引力的机会应该能建立起完善的获利与退出机制，没有退出机制的机会就没有太大的吸引力。

6. 创业者能力

创业者自身的能力也是影响创业机会评估的因素之一，许多小企业的管理者都是基于自身的能力才创办企业的，对于投资人而言，创业者是否具备创业的必备能力会影响其最终的投资决定。创业者需要有承担风险和不断提高自身能力的意识，愿意主动学习并提高创业所需的知识和技能。将上述问题结合在一起，就变成一个基本的问题 —— 企业所必需的条件和创业者的要求与期望是否一致和相符。这不仅影响着创业成功率，还关系着创业者自身的幸福。

7. 必需的资源

创业中必需的资源主要包括资金和技术这两种。创业者是否掌握了这些必需资源一定程度上决定了他们是否能把握某个创业机会。一般来说，由于现在市场发展不平衡，在一些地区，群众的需求无法像其他城市那样轻易得到满足，一般都存在着较大的市场空缺，这时候，创业机会也就越发多样且吸引人。

8. 环境的情况

谈及环境不仅仅是在讨论自然环境，这里所说的环境主要是指企业的外部环境，如政治环境、经济环境等，尤其是政治环境对创业机会的吸引力大小的影响巨大。不稳定的政治环境往往能让商业机会失去吸引力，如通货膨胀、外汇汇率波动或司法系统不健全等情况都不利于吸引投资，即使商业机会回报再高，有这些不稳定的因子存在，也不能吸引投资人。除此之外，缺乏可用的基础设施和服务（如水电供应、通信、运输等），也会影响一个地区的商业机会的吸引力。

（二）创业机会的评估方法

无论采用什么方法评价创业机会，都应该把握一定的创业机会评估标准。这里主要介绍四种：我国的创意机会评估标准、巴蒂选择因素法、普坦辛米特法和标准打分矩阵法。

1. 我国的创业机会评估准则

创业项目选择的正确与否很大程度上决定着企业的成功与否。一般而言，如果一开始创业项目选对了，那么这个时候也就意味着创业已经成功了一半。对创业项目的选择也要从多方面进行考虑，要综合自身涉及的行业和市场、经济实力、利润空间、竞争优势、管理团队、致命缺陷、个人标准、理想与现实的战略差异等几大方面进行评估（表 4-1）。可以根据列表所示内容，用 1—4 打分法或 1—10 打分法进行评价。

表 4-1 我国的创业机会评估准则

类别	指标	最有利标准 A	最不利标准 E	A	B	C	D	E
行业和市场	市场需求	产品有市场需求	顾客群已忠诚其他品牌					
		能够形成特定的顾客群	无特定的顾客群					

续表

类别	指标	最有利标准 A	最不利标准 E	A	B	C	D	E
行业和市场	市场需求	产品的顾客利益点突显	产品顾客利益点不显著					
	市场结构	销售者数目少	销售者数目多					
		销售者规模小	销售者规模大					
		买卖双方信息不对等	买卖双方信息对等					
	市场规模	大，占份额很小就能收益很高	小，即使占较大份额收益也很低					
	市场变化	新兴、不稳定、多变	稳定、机会少					
	市场份额	占市场份额 20%	占市场份额小于 5%					
	成本结构	以上不依赖于规模经济	依赖于规模经济					
资本或获利能力	税后利润	10%—20%	低于 5%					
	盈亏平衡	1 年开始盈利	3 年开始盈利					
	资本要求	中低水平资本	大量资本量					
	推出机制	能够拥有或建立一个获利和退出机制	没有一个退出机制					
竞争优势	成本	成本最低地位	成本最高地位					
	控制程度	对价格、成本，分销渠道具有中等或较强的控制力	对价格、成本、分销渠道不具有控制力					
	进入壁垒	拥有所有权、法规优势等壁垒	无法把其他竞争者阻挡在行业外					
管理团队	人员	囊括业内明星的团队	缺乏业内专家					
	团队	创业团队团结互补	有过不团结记录					
个人标准	成果标准	创业项目符合创业者个人成功标准，创业动机强烈	创业项目不符合创业者个人成功标准，创业动机不强					
	愿望	自己的爱好	不是自己的向往					
	机会成本	项目价值大于其他工作	项目价值等于或小于其他工作					
	压力承受	创业者能够接受高成长、高收益项目压力	对高成长、高收益的项目压力感到恐慌					
必须资源	资源的拥有	携有可用的资金、技术和其他必需的资源	缺乏资金、技术和其他必需的资源					
环境	环境作用	处于有利的环境中	环境不稳定					

续表

类别	指标	最有利标准 A	最不利标准 E	A	B	C	D	E
缺陷	致命缺陷	没有致命缺陷	有一个或两个致命缺陷					
合计								

市场小、竞争激烈、进入市场阻碍过大等，都能成为一种致命的缺陷。有吸引力的创业机会不应该有致命的缺陷，一个或更多的致命缺陷就能让一个创业机会丧失吸引力。

2. 巴蒂选择因素法

巴蒂选择了 11 个对创业机会有重要影响的因素，让使用者据此对发现的创业机会进行评价，具体如下。

① 这个创业机会在现阶段是否只有你一个人发现了。

② 初始的产品生产成本是否可以承受。

③ 初始的市场开发成本是否可以承受。

④ 产品是否具有高利润回报的潜力。

⑤ 是否可以预期产品投放市场和达到盈亏平衡点的时间。

⑥ 潜在的市场是否巨大。

⑦ 你的产品是否是一个高速成长的产品家族中的第一个成员。

⑧ 你是否拥有一些现成的初始用户。

⑨ 是否可以预期产品的开发成本和开发周期。

⑩ 是否处于一个成长中的行业。

⑪ 金融界是否能够理解你的产品和顾客对它的需求。

如果一个创业机会只符合上述 6 个或更少的要素，则这个创业机会的价值不大：反之，如果一个创业机会能满足以上 7 个或更多要素，则这个机会有较大的价值，创业的成功率也会大大提升。

3. 普坦辛米特法

普坦辛米特法是一种让创业者针对不同因素的不同情况，填写预先设定好权值的选项式问卷方法，具体如下。

① 对于税前投资回报率的贡献。

② 预期的年销售额。

③ 生命周期中预期的成长阶段。

④ 从创业到销售额高速增长的预期时间，即投资回收期。

⑤ 占有领先者地位的潜力。

⑥ 商业周期的影响。

⑦ 为产品制定高价的潜力。

⑧ 进入市场的容易程度。

⑨ 市场试验的时间范围。

⑩ 销售人员的要求。

每个因素的不同选项可得 −2 分到 +2 分不等，最后总分计算是对所有因素选项得分进行加总，总分越高则该创业机会价值越高、潜力越大；反之，总分越低则价值越低，潜力越小。只有那些总分高于 15 分的创业机会才值得创业者进行下一步的策划，低于 15 分则应被淘汰。

4. 标准打分矩阵法

该方法选择对创业机会成功的重要影响因素，经由专家打分，并据此对不同的创业机会进行比较。每一个因素由专家根据其重要性程度给出 1—3 分的分值，1 为一般，2 为好，3 为很好。标准打分矩阵的具体指标如表 4–2 所示。

表 4–2　标准打分矩阵法

标准	专家评分			
易操作性	很好（3 分）	较好（2 分）	一般（1 分）	加权平均分
质量和易维护性				
市场接受性				
增加资本的能力				
投资回报				
专利权状况				
市场的大小				
制造的简单性				
广告潜力				
成长的潜力				

第三节 创业团队的组建

如果要进行创新创业，创业团队的组建是必不可少的。创业团队至少由两人组成，好的创业团队能为新公司带来更好的发展。

一、创业团队的组建程序

（一）明确目标

确定总目标是创业的第一步，总目标确定后，为保证创业目标更好地达成，还需要对总目标进行细化，围绕总目标设定一系列可操作性强的阶段性分目标。创业团队将在接下来的长时间内同甘共苦，完成一项极具挑战性的事业，这需要强有力的驱动力，将大家凝聚在一起，并长久地坚持下去。这个驱动力就是创业愿景。好的团队创业愿景能够激活每个人的斗志，使全体成员紧紧地连在一起，能淡化人与人之间的利益冲突，形成一股强大的向心力，推动整个团队前行。

（二）制定计划

创业计划要在创业目标清晰的基础上进行制定，要以整个团队为主来考虑整体的计划。创业计划的制定主要是要规定团队在不同的阶段要完成哪些阶段性任务，以及达成任务的途径与方法。团队要按照计划中的步骤一步步执行，直到实现最终的创业目标。

（三）招募成员

招募团队成员是创业团队组建中关键的一步。一般认为团队成员规模需要控制在2—12人，以4—5个人最佳。一般而言，创业团队至少需要管理、技术和营销三个方面的人才，缺少任何一个角色，团队都将无法高速有效运转。[①] 成员招募时需要注意，所招募的成员之间需要有一定的互补性。有互补性的成员能有效弥补各自的不足，强化成员之间的合作，大大提升创业团队的凝聚力与战斗力，最大限度地发挥团队的作用。

---

① 薛永基．大学生创新创业教程［M］．北京：北京理工大学出版社，2017：141.

（四）划分权责

划分权责时既要保证每个人能力的合理利用，又要避免职权的重叠交叉或无人承担。为了保证团队成员能顺利开展各项工作，必须先对团队成员进行清晰的权责划分，帮助每位成员明确自己的职责与权限。

（五）构建制度

创业团队的制度体系主要由团队约束制度与激励制度组成，以发挥对团队成员的激励与约束作用。其中，创业团队的约束制度，如纪律条例、保密条例等能有效避免团队成员做出阻碍团队整体发展的行为，能有效维护团队稳定，保证团队秩序。

（六）调整融合

团队问题的暴露是一个动态持续的过程，所以团队调整也是分阶段的动态过程。团队发展的各个阶段对调整和融合的要求不一样，具体如下。

① 形成期：初步形成创业团队的内部框架，建立创业团队对外工作机制。

② 规范期：通过交流想法设定团队目标、成员职责、流程标准等规范性制度。

③ 震荡期：隐藏问题暴露，公开讨论、顺畅沟通、改善关系、解决矛盾。

④ 凝聚期：形成有力的团队文化、更广泛的授权与更清晰的权责划分。

⑤ 收获期：遇到挑战，提升团队效率解决问题，取得阶段性成功。

⑥ 调整期：对团队进行整顿，明确新阶段的计划、目标，优化团队规范。

运转流畅的创业团队并非创业一开始就能建立，只有对创业团队运转中不断暴露的制度设计、权责划分等问题持续进行修正、调整，初具规模的创业团队才能形成。

二、创业团队的成功因素

总结国内外创业团队的成功因素，大致具有以下一些。

① 要制定针对可能出现的问题的应急响应预案与解决对策，能分析问题现况并提出解决对策。当现状问题产生的时候，团队可以立马进行分析，提出解决之道，这样就可以减少公司发展的障碍。

② 团队成立久了会出现腐败的现象，会出现不思进取、本位主义的现象，因此要建立改造团队的机制，即形成纪律。一个团队可以随时改造的话，就不容易产生腐败，就不会停滞不前。

③ 要设立一个美好的愿景。当创业团队的创建者有愿景、有理想、有目标，则创建者的未来是非常靓丽的，创业团队也会更加有动力，因此，设立愿景是很重要的。

④ 如果需要改革旧的体制，则必须要产生相应的新的流程。在公司做大做强的道路上，要有一个明确的发展方向——要发展什么样的事业、投资什么样的项目，才能避免走弯路，避免浪费时间和金钱。

⑤ 创业成功的关键之一就是分析核心决策的流程。要做一个投资时，在投资决策之前必须要评估并加以研究。如果决策非常透明、决策的流程非常的流畅，大家的想法都非常一致，投资的决策就能够顺利执行。

⑥ 妥善处理未授权之付款。很多付款来路不明，或是没有经过授权，这样就会造成不合规定甚至是触犯相关的法律法规，所以必须要妥善处理未授权之付款，做到正规化、合法化。

⑦ 清晰的目标。有一个猎人，带着三个儿子去打猎。他训练第一个儿子，问大儿子说："你看到了什么？"儿子说，他看到大自然的景象，还有猎枪、野兔、飞鸟，等等。猎人摇摇头继续问第二个儿子："你看到了什么？"老二说，他看到父亲，还有哥哥、弟弟，以及猎枪。这个猎人又摇摇头，只好再问最小的儿子。最小的儿子说，他看到了奔跑的野兔。老三只看到了奔跑的野兔，猎人就肯定了他，因为他有清晰的目标。所以，创业者要确定清晰的目标，清晰的目标是十分重要的。

⑧ 妥善处理利益冲突。当利益有所冲突的时候，要妥善处理，不要让冲突扩大，要尽量解决冲突、缓和矛盾，尽量使利益可以分配均匀。

⑨ 妥善处理不适当的礼物，既不逾越道德底线，又不失礼于人。

⑩ 妥善处理虚报金额。对于虚报金额，团队要妥善处理。因为金额虚报对公司是不利的，必须真实透明地面对虚报，对上对下、对内对外均应保证有据可依。

⑪ 妥善处理公器私用事宜。团队中的掌权者不能公器私用，如果出现公器私用的问题，团队需要权衡利弊，尽量处理得圆满。

⑫ 妥善处理未经确认的决策。对于未经确认的决策，必须要确认再确认。例如，美国总统发射原子弹需经过很多单位的确认。确认是一个安全阀，能够避

免由误会或操作不当引起的重大失误。

⑬ 妥善处理回扣。对于某些不明不白的佣金，团队必须透明、合理、公开、妥善地处理。

⑭ 不泄露机密。杜绝商业机密的泄露，要忠于创业的团队，要具备一定的职业操守。

⑮ 角色分配清楚。角色分配要清楚，事有定规，人有规定，每个人有每个人的专长和职责。如果团队中每一个人的职责都很清楚，角色分配也很清楚的话，那就可以发挥出整体的力量。手有手的功能，头有头的功能，脚有脚的功能，如果都能够发挥出来的话，就可以集合更多力量创造出更多的价值。

⑯ 防范过度支用。个人的过度支用会造成公司支用过度，造成公司财物损失，所以团队要杜绝这种问题的发生。

⑰ 要创建有效的组织结构。组织的结构必须健全，只有具备有效的组织结构，才能够开疆辟土，才能够持续成长。

⑱ 防止裙带关系妨碍创业团队运作。有时候公司里会有一些亲朋好友担任职位，必须对其秉公处理，这样团队才能保持良好的运作。如果裙带关系现象过度严重的话，就会影响公司的正常运作，甚至造成严重后果。

⑲ 坦诚开放的沟通。团队之间如果隐瞒很多事情的话，就没有办法把事情沟通清楚，进而造成矛盾。因此，团队之间坦诚、开放地沟通，尽弃前嫌，使沟通无碍，就可以实事求是地解决问题。

⑳ 维持良好的对外关系。对外关系代表团队与外部环境的关系。外部的环境非常重要，如果外部的环境非常恶劣的话，团队要知道如何去改善和经营。因此，团队必须维持良好的对外关系，从而毫无障碍地解决问题。

㉑ 分享成果。当团队中有人有好的创意时，要能够和队友共享。创业的时候，往往共苦容易同甘难。如果团队中的每个人都懂得分享成果，领导者能够赏罚分明，创业就会越来越成功。利润可以分享，成果可以分享，组织就可以继续茁壮成长。

㉒ 妥善处理上司欺骗下属、下属欺骗上司事件。上下欺瞒会使公司陷入风气不良的恶性循环中，所以必须要妥善处理，减少内斗内耗，让这个公司能够正常地运作。

㉓ 妥善处理未经通知之恶意解聘。对员工的解聘应该要让其心服口服，要让对方了解为什么被解聘，这样才不会引起其他员工的恐慌和质疑，从而导致公司发生损失。

㉔ 防止创业团队成员相互抢功或推诿做事。团队成员必须分工明确，各司其职。如果争功诿过，这个团队就会丧失凝聚力，甚至瓦解。

㉕ 互相支持，互相依赖。一个组织最需要的就是互相支持、互相信赖。大家齐心齐力、群策群力，才能够实现目标。

㉖ 积极处理异见。不是说团队要容许不同的意见，而是说只要它是正确的，只要能够对公司有利，团队就可以好好地去接受和听取。只有积极整合意见，集思广益，才能够海纳百川。

㉗ 不恶意举报，使人被解雇。团队里，要避免互相争斗，要杜绝这样的恶意举报，一切都要公开、公平、合理，这样才能取信于人。

第四节　创业风险的防范与管理

大学生在进行创新创业时，不可避免地会遇到各种各样的风险，对于这些风险，创业者要有自己的防范和应对措施。

一、创业风险的预估

创业者在进行风险识别的过程中，不但要确定其决定接受的风险程度，还要对其实际能承受风险的程度进行评估，以采取合理的风险管理方法，减少创业过程中的不确定性。创业者的风险承担能力是指创业者所能承受的最大风险。

（一）可承担风险资金预估

正常情况下，用于承担风险的资金数量和创业者的风险承担能力呈正相关关系。一般来说，创业者的年龄和家庭状况会对创业者用于承担风险的资金有所影响。刚毕业的大学生因为很少有创业资金的积累，其用于承担风险的资金较少。同样，家庭比较困难的创业者会更多考虑到家庭基本生活对资金的需求，以及较少的家庭支持等，其用于承担风险的资金一般也会较少。

（二）可来源资金渠道预估

从其他渠道取得收入的能力和创业者的风险承担能力也呈正相关关系。从其他渠道取得收入的能力越强，创业失败对创业者的情绪和生活水平的影响就越小，创业者能够用来偿还创业失败所引致的债务的能力就越强（采用公司制作为企业法律形式的创业活动除外，因为公司制企业是有限责任，只以创业者投入企业的资金为限对公司债务承担责任），其风险承担能力也就越强。

（三）阶段可承受风险预估

一般来说，随着时间的推移和创业活动的深入，创业者面临的风险会逐渐增大。创业者首先要能够根据风险的来源及其对创业活动的影响程度，估计出在不同时间段可能要承受的总风险。从创意到商业构想，再到创业企业的建立，不同阶段的创业风险大小会有所不同。

（四）危机管理能力的预估

创业者的危机管理能力越强，其风险承担能力就越强，二者也呈正相关关系。创业者的危机管理能力会影响到创业风险发生时采取的风险抑制措施的效果，从而影响到损失的大小。危机管理能力越强，风险因素导致风险事件发生并进而可能形成风险损失时，创业者就越能及时采取有效的风险防范措施对损失状况进行抑制，避免损失进一步扩大，减少损失所产生的危害。

二、创业风险的防范

（一）系统风险的防范

对于系统风险，创业者或创业企业可以从以下三个方面做好防范。

1. 正确预测

创业者应尽可能运用所学知识和所掌握的资源，采用科学的方法对那些能够预测的风险进行深入分析，通过和团队成员探讨、请教外部专家等方法来预测创业环境的可能变化，以及变化会给创业企业带来的影响。创业风险中，有些是可以预测的，有些是不可预测的。要尽量对创业的系统风险做到心中有数，以便制定相应的应对策略。

2. 谨慎分析

创业者首先应对创业环境进行正确的认识和了解，对创业环境进行合理评估，通过层层细化、逐级分析来熟悉创业的宏观环境和微观环境等，以求准确深入地解释创业过程中可能遇到的系统风险。创业者应对其所处的创业环境进行深入了解、谨慎分析。目前，我国实施了更加积极的就业政策，贯彻鼓励创业的方针，在自主创业税费减免、小额担保贷款、创业地落户及场地、项目、技术、培训等方面，为大学生创业提供了一系列优惠和鼓励政策，创造了更为宽松的创业环境。

3. 合理应对

由于系统风险的不可分散性，创业者只能通过谨慎分析和正确预测来制定合理的应对措施，巧妙规避并尽可能降低系统风险发生对创业者自身或创业企业的不利影响。例如，预测到市场利率上升则尽量筹集长期资金，预测到未来经济低迷则尽可能持有较多现金等。

系统风险是由全局性的共同因素引起的，创业者或创业企业本身控制不了或无法施加影响，并难以采取有效措施予以消除。

（二）非系统风险的防范

非系统风险是由特定创业者或创业企业自身因素引起的，只对该创业者或创业企业产生影响。因此，创业者或创业企业可以在某种程度上对其进行控制，并通过一定的手段予以预防和分散。

1. 规避市场定位的风险

准确的市场定位是创业成功的源泉。一些创业者在创办自己的企业时，并未进行清晰的市场规划和定位，而是秉承走一步算一步的方法进行企业经营，最终可能会走向失败。所以，为了减少这种风险，创业者们在开始创业之前，一定要有清楚的规划、定位，策略执行务必精准。创业者要确定自己做的事情是正确的事情。正如管理大师拉姆·查兰曾所说：“准确的市场定位是企业的盈利之基，市场定位是你业务的核心理念，也是你能否赚到钱的基础。”① 规避市场定位的风险需要注意以下几点。

第一，创业动机可以说是千差万别，甚至是千奇百怪的，有多少人选择了创业，就会有多少种创业的动机。根据学者分析，大多数成功者的创业动机多为第四种，即为了自己的理想和人生价值投身到创业浪潮中，“追求更大的成就感”是很多民营企业家最大的精神动力。

第二，选对项目对于创业者非常重要。在选择创业项目时，必须遵守以下原

① 唐华山．一瞬改变一生：把握好改变命运的关键时刻［M］．北京：中国广播电视出版社，2014：17.

则：选项目要立足长远；选项目要知己知彼；选项目要有潜在的巨大市场前景；选项目也要有个性。选择大于努力，如果选项目过于草率，不经细心考察就把自己的资金投入进去，可能会亏本，进而导致创业失败。

第三，为了避免风险，市场调研是十分重要的。调研内容应该包括：市场的需求情况、国家相关法律法规、国家经济形势、行业未来发展趋势、市场中已存在的竞争者情况、产品生命周期情况等。只有从多方面进行了解和调查，才能在以后的创业项目实际运行时，有成功的把握。

第四，创业者要对自己的创业优势和劣势进行全面的分析，需要从自己的创业知识、心理素质、资金来源等方面入手分析和考量。因此，创业者要全面认识自己，要了解自己最短的“木板”在哪里，了解自己在创业方面存在什么样的弱点，以便能够做到扬长避短。

2. 规避行业选择的风险

各个行业的盈利模式不同，会导致其利润的巨大差异，使得刚入行进行选择的创业者容易进入盲从暴利的误区。创业者到底该选择做哪个行业？这是起步之初创业者必须抵制住诱惑冷静思考的问题。选择做哪一行，一定要做足准备，结合自身的实际情况，眼光放得远一点，千万不可盲目跟风或追涨杀跌，以避免惨淡收场的结局。选择好了，就能少走弯路，少受损失；选得不好，开弓没有回头箭，所以一定要慎之又慎。

3. 规避创业心态的风险

创业本身就是一项冒险活动，有胆量、敢下注、想赢也敢输的人才适合从事这项活动。俗话说：最美丽的花总是开在最危险的悬崖上，而最喜悦的时刻总是在苦难后诞生。“惊险一跳”是许多创业者都会遇到的情况，创业者需要有胆量，敢于冒险，才能顺利完成这极具考验性的“一跳”。也就是说，冒险精神是每个创业者都应当具备的创业精神。

要做好各种心理准备，克服各种心理难关。在创业的过程中，畏惧失败、与他人竞争时自卑、放不下面子等已经成为创业者普遍的心病，要想创业成功，就要勇于面对和克服这些问题。创业者最大的失败往往源于对失败的恐惧，因为在大多数情况下，创业者的计划还未开始就会产生对失败后果的恐惧。不能躲避，不能让别人替你去扛，创业者就是要勇于面对失败的恐惧，失败或许可以改变人的命运，但从头再来未必是坏事。事实上，在创业过程中产生恐惧感是很常见的，创业者应该将恐惧合理化为力量，将其转变成有利于创业活动的正向力量。

创业，本身就是一个艰辛而漫长的过程，不可能一蹴而就。尤其是在创业初期，在既没有技术也没有人脉的情况下，更是困难重重，成功的概率会很低。这更需要创业者面对困难要乐观对待，心平气和地找好解决问题的办法。

4. 规避创业融资的风险

畅通的现金流是决定创业成败的关键。只有资金投入而没有产出，有多少也是不够的，或者说，因为产出日期不可确定，因此，投入也就无法预计，从而对项目的发展形成隐患而导致失败。所以，处于创业之初的那些创业者一定要预先筹划好启动资金和周转资金，并控制好成本。一方面要知道在可预见的将来能有多少收益，另一方面也要判断现阶段的固定支出，从而确定资金需要量的多少，并筹集足够的备用金。因为只有手里掌握了足够的备用金，才能从容应对很多意想不到的情况，避免项目因为现金断流而失败。此外，创业融资要多管齐下，才能降低融资风险。

5. 规避创业的技术风险

技术创新能够给创业者带来丰厚的回报，但掌控不好也可能会使创业者颗粒无收，因此，创业者一定要注意技术风险的防范。规避创业的技术风险要注意四方面：其一，提高创业企业技术系统的活力；其二，合理运用法律手段规避损失风险，具体来说就是要采用专利申请、技术标准申请等保护性申请措施；其三，应加强对技术创新方案的可行性论证，减少技术开发与技术选择的盲目性，并建立灵敏的信息预警系统来预防技术风险；其四，通过组建技术联合开发体或建立创新联盟等方式减少技术风险发生的可能性。

6. 规避创业的财务风险

有效规避财务风险要求做到以下几点：其一，管理创业企业的现金流，避免现金断流带来的财务拮据甚至破产清算的局面；其二，要学会建立和经营创业者自身和创业企业的信用，提高获得资金的概率；其三，创业者要合理预估创业所需资金，避免后续出现筹资不足的情况，影响企业的持续发展；其四，筹资困难和资本结构不合理是很多创业企业明显的财务特征和主要财务风险的来源，创业者或创业团队一定要学会在企业的长远发展和目前利益之间进行权衡，设置合理的财务结构，从恰当的渠道获得资金。

7. 规避创业的管理风险

具体来说，可以采取以下措施规避创业的管理风险：其一，明确决策目标，完善决策机制，减少决策失误；其二，重视领导层的自身建设，提高领导者的个人素质，如诚信意识和市场观念等，并建立与企业阶段性发展相适应的组织机构；其三，实行民主决策与集权管理的统一，合理分配企业的执行权，避免不规范的家族式管理影响创业企业的发展。通过提高管理者的素质，改变管理和决策方式，可以有效应对创业企业的管理风险。

8. 规避市场变化的风险

市场是随时间千变万化的，市场竞争也是瞬息万变的。由于新产品在开发市场的过程中，它的市场需求是潜在的、待成长的，市场接受新产品的具体时间具有不确定性。因此，创业者很难在产品投入市场之前就预判出市场接受自己新产品的具体时间，因此也很难确定新产品上市的最合适时间点。创业者很难预测出自己新产品的市场需求的成长速度，同时也难以预测新产品的扩散速度。这些不确定性也为创业者的下一步计划带来了困扰，创业者只能通过时刻关注市场，结合新产品市场需求的具体情况来进行下一步计划。新产品的生产是离不开上游原料供应的。创业者在选定创业项目并决定投入生产后，能不能及时从上游市场及时获得价格合适且足量的原材料供给，具有不确定性。

9. 规避人力资源的风险

人力资源是创业活动中的重要资源，由此产生的风险对创业企业来说往往也是致命的风险，所以一定要予以充分关注。首先，创业者要主动学习，不断提升自身创业素质与创业能力，使自己的知识和能力与创业活动相匹配；其次，通过激励、奖惩、评价等多种手段管理团队，并针对团队发展不同阶段设定相应的管理内容，合理评估成员绩效；最后，在招聘中把控员工质量，招聘那些具有良好职业道德、团队合作意识、拥有与岗位相匹配的技能的员工，通过在合同中明确权利义务关系和适当授权，以及通畅的人力资源管理系统，使关键员工的工作管理与非工作管理相结合。

三、创业风险的应对策略

应对创业风险一般分为风险识别、风险评估和风险应对三个阶段。

（一）创业风险的识别

在创业初期，由于创业者及其团队在创业活动的各个环节存在着诸多不成熟的因素，发生风险的概率较高。为此，创业者及其团队应在常规工作管理中强化对风险的识别工作，时刻保持高度的敏感，做到在计划中体现，在汇总中关注，在总结中分析。风险识别应根据风险分类，全面、客观地审视创业过程，从风险产生的缘由入手，深入探究诱发风险的各类因素，使这些因素成为容易被观察并发现的基本单元，找出现实与不远的将来可能影响创业阶段目标与终极目标实现的各种风险。创业者可以采用绘制创业流程图、制作风险清单、制订风险预案、集体研讨、市场调查、专家建议等方法进行风险识别。

（二）创业风险的评估

通过风险评估可以使创业者更理性地应对风险，做好面对风险的充分准备。风险评估包括两类内容：一是对各种风险发生的可能性以及发生之后的损失程度的评估；二是从风险事件发生的可能性大小、可能的结果范围和危害程度预期发生的时间、风险因素所产生的风险事件的发生概率四个方面进行创业初期评估，创业者及其团队既要有直面创业风险的勇气，更要有理性应对风险的方法，这是对创业者智慧、能力和素质的磨砺与考验。

（三）创业风险的应对

采取及时有效的方法进行防范和控制，用最经济合理的方法综合处理风险，可以实现最大的安全保障。常用的风险应对方法有风险避免、风险自留、风险预防、风险抑制和风险转嫁等。

1. 风险避免法

风险避免法是设法避免损失发生，降低特定风险发生的可能性的一种应对方法。风险避免法是一种消极的风险管理方法。通常当某种特定风险所致损失的频率或者损失的幅度相当高时，或者创业者不能接受采用其他风险管理方法所产生的成本时才会采用。正如汽车驾驶新手，为了不发生交通事故，可以不开车或到没有车的地方开车。

2. 风险自留法

风险自留法即创业者自我承担风险损失的方法。风险自留法通常在风险低、损失小且损失不影响创业活动顺利进行时使用，如汽车驾驶新手上路，即便是多加小心，但发生一些轻微剐蹭是很正常的，驾驶员应该可以承受这些小事故造成的心情不悦与经济损失。

3. 风险预防法

风险预防法是指在损失产生前采取各类风险处理措施，尽可能降低风险产生的可能，通过消除或减少风险因素而达到降低损失发生概率的目的。风险预防法通常在损失的频率高且损失的幅度低时使用。如汽车驾驶新手上路，为预防交通事故的发生，要严格遵守交通规则，集中精力，认真驾驶。

4. 风险抑制法

风险抑制法是指在损失发生时或发生后为减小损失幅度而采取的各种应对措施。风险抑制法多使用于损失大且风险难以规避的情况，如损失发生后的自救和损失处理等。如汽车驾驶员，在交通事故无法避免时，宁可撞树、撞墙，也不要撞人。只有这样，才能将事故的风险损失降到最低。

5. 风险转嫁法

风险转嫁法是指创业者为避免承担风险损失，有意识地将损失或与损失有关的财务后果转嫁给他人去承担的一种风险管理方法。创业者可采用保险转嫁、转让转嫁和合同转嫁等方式。再如汽车驾驶员，应为车辆办理相关保险，在发生交通事故及造成损失时，由保险公司承担损失结果。

创业者或创业企业需要针对风险评估的结果和具体的评估环境选择合适的风险应对方法，采用科学的风险应对策略，见表 4-3。

表 4-3　风险应对策略

<table>
<tr><th>——</th><th>高频率</th><th>低频率</th></tr>
<tr><td rowspan="3">高程度</td><td>风险避免</td><td rowspan="3">风险避免
风险抑制</td></tr>
<tr><td>风险抑制</td></tr>
<tr><td>风险转嫁</td></tr>
<tr><td rowspan="2">低程度</td><td>风险避免</td><td rowspan="2">风险自留</td></tr>
<tr><td>风险预防</td></tr>
</table>

第五节　创业计划书的撰写

一、创业计划书的主要内容

（一）企业介绍

企业介绍的主要内容应包括企业简介、企业文化、主要业务与市场定位、经营目标、管理机制等，必要时还可加入启动资金、公司选址等细节性内容，尽量做到真实可信。

企业简介要以精练的语言对企业名称、组织形式、主要业务、经营目标、核心竞争力等内容加以阐述，已注册的企业还可增加企业历史、地址、年利润、投资回报率等信息。企业文化是物质文化和精神文化的总和。写作时这份内容主要涵盖企业理念、宗旨、商标logo、口号等；同时，还要对创业企业的产品和服务的独特之处、目标客户群体、市场定位、经营目标等进行简要描述。

（二）市场分析

市场分析在整个创业计划书中起着非常重要的作用，主要包括目标市场分析、行业分析、竞争对手分析等内容。目标市场分析是按消费者的特征把整个潜在市场分成若干部分，根据产品本身的特性选定其中部分消费者作为一个特定的群体，这一群体被称为目标市场。详细的目标市场分析能够帮助投资者判断企业目标的合理程度与投资者自身投资该项目所需承担的风险的大小。分析目标市场时创业者要阐明企业的市场前景广阔，且有较强的市场竞争力，能有效应对各类风险。①

行业是企业要进入的市场。在创业计划书中，创业者要分析所入行业的市场全貌及关键性的影响因素。在进行行业分析时，应该先准确把握所选行业的基本特点、竞争状况及未来趋势。只有了解了这些，创业者才能准确把握行业发展命脉，明晰企业未来的发展方向与发展目标。

竞争对手是指这样一类企业：它们在市场上和你的企业提供着相同或类似的

① 王小锋．创新筑梦 创业远航：从思维创新到实践创业［M］．上海：上海交通大学出版社，2018：157.

产品和服务，并且在配置和使用市场资源过程中与你的企业具有一定的竞争性。如何打败竞争对手，如何在竞争中胜出，是每个企业家都需要考虑的问题。信息搜集是企业分析竞争对手的前提，竞争企业内部信息库、商业数据库、人际关系网络等都是搜集信息的重要途径。当创业者获得竞争对手们的基本情况、产品情况、营销策略、技术含量、商界信誉等信息后，做好了相关准备工作，创业者的创业计划书就会有据可循、表述充分。市场分析的具体内容包括目标市场分析、行业分析、竞争对手分析这几方面的内容，具体如下。

1. 目标市场分析

① 分析企业面向的细分市场是什么。

② 分析企业拥有的市场有多大。

③ 分析企业的市场份额是多少。

④ 分析企业的目标顾客群是哪些或哪类人。

⑤ 分析企业五年生产计划、收入和利润是多少。

⑥ 分析企业的营销策略是什么。

2. 行业分析

① 分析该行业现状：处于萌芽期还是成熟期，发展到了何种程度，总销售额是多少，总收益如何。

② 分析该行业的发展趋势：未来走向如何。

③ 分析该行业的影响因素：国家的政策导向、社会文化环境、竞争者的现状、行业壁垒等。

④ 分析该行业市场上的所有经济主体概况：竞争者、消费者、供应商、销售渠道等。

3. 竞争对手分析

① 分析企业的竞争对手、主要的竞争对手有哪些，最大的竞争对手是谁。

② 分析企业竞争对手的优势在哪里，有什么新动向。

③ 分析竞争中自身企业具备哪些优势和劣势，优势如何发扬，劣势如何消除。

④ 分析企业能否承受竞争所带来的压力，企业团队将采取什么策略战胜竞争对手。

（三）产品介绍

产品介绍包括产品的名称、特性、竞争力、市场前景等。其中，产品的特性是不同产品或同类产品之间相互区别的标志，因此，在产品介绍时要简洁明了地表述出你的产品与其他相似或相同产品的不同之处，点明产品的特点。在进行投资项目评估时，投资人最关心的问题之一就是：企业的产品能否解决现实生活中的问题，能否帮助顾客节约开支等。因此，产品介绍是创业计划书中必不可少的一项内容。在产品介绍部分，通常要回答以下问题。

① 顾客希望从企业的产品或服务中得到什么。

② 与竞争对手相比，企业提供的产品或服务有哪些优势与劣势，企业采取何种办法取长补短。

③ 企业拥有哪些专利与许可，企业为自己的产品采取了哪些保护措施。

④ 企业对新产品或服务有何规划。

⑤ 企业的产品或服务的定价为何能给企业带来长效利润。

⑥ 该产品或服务如何拥有稳定的顾客群。顾客群一旦缺失，企业该如何应对。

（四）组织管理

创业团队及其组织管理在商业计划书中也是一部分重要内容，具体内容包括以下三部分。

1. 成员介绍

概括介绍团队成员的简历，包括年龄、性别、背景、教育和职业经历、专长、主要业绩等；同时，根据专业背景、特长等对团队核心成员在企业中负责的工作、拥有的股份等进行划分。新企业的管理团队一般由创业者和几个关键的管理人员组成。

2. 组织架构

企业的组织架构是对企业基本业务部门、职能机构、运作流程等作出的界定和规划，反映了组织构成要素之间的关系，多用图例的形式来展现。在创业计划书中要画出组织结构图，对其中各个业务部门、职能机构的职权作出解释说明，介绍各部门的主要负责人。需要注意的是，不同性质的创业企业，其内部职能部门的设置不尽相同。

3. 人才规划

这部分主要包括各部门人才需求计划、招聘培训计划、奖惩机制等。一个企业想要长久发展，就要基于以人为本的理念，反映在商业计划书中即为人力资源管理规划。

（五）营销策略

在创业计划书中，营销策略应包括：销售渠道选择、营销队伍建设、促销计划等。营销是企业发展中极具挑战性的环节，不同发展阶段的企业应当制定不同的营销策略。消费者喜好、产品特点、市场环境等都会影响营销策略，而营销成本和营销效益则是最终影响营销策略的决定性因素。对于创业企业而言，企业和产品知名度较低，很难进入其他企业已经稳定的销售渠道中去。

（六）生产计划

创业计划书中的生产计划应包括以下内容，厂房基本情况、产品制造和技术设备现状，生产流程及关键环节介绍，新产品投产计划，生产经营成本分析。生产计划是创业计划书的重要组成部分，它能帮助投资者了解企业的研究进度和所需资金。在生产计划制定时，创业者应该明确业务流程，明确业务流程中的关键环节，并写明企业的基本运营周期及间隔时间，更要将季节性生产任务和生产中会遇到的问题及解决方案解释清楚。

（七）风险分析

创业本身就有风险性，而创业过程中的风险往往会突然爆发，让创业者和投资者措手不及，因此，风险分析也是创业计划书中不可缺少的部分。风险分析能让投资者对企业有更深入、更全面的了解，还能体现出创业者及其团队的敏锐洞察力和化解风险的能力，从而减轻投资者的顾虑。

二、创业计划书撰写的模板

创业计划书撰写的模板见表 4-4。

表 4-4 创业计划书编写模板

<table>
<tr><td colspan="2">××公司（或××项目）创业计划书（公司资料）</td></tr>
<tr><td>地址：
邮政编码：
联系人及职务：
电话：</td><td>传真：
网址：
电子邮箱：
报告目录：</td></tr>
<tr><td colspan="2">第一部分</td></tr>
<tr><td colspan="2">摘要（整个计划的概括）
一、公司简单描述
二、公司的宗旨和目标
三、公司目前股权结构
四、已投入的资金及用途
五、公司目前的主要产品或服务介绍
六、市场状况和策略
七、主要业务部门及业绩简介
八、核心经营团队
九、目前公司为实现目标的增资情况
十、融资方案（资金筹措、投资方式及出资方案）
十一、财务分析</td></tr>
<tr><td colspan="2">第二部分 综述</td></tr>
<tr><td>第一章 公司介绍</td><td>一、公司的宗旨
二、公司的简介资料
三、公司的管理制度及劳动合同
四、公司的战略
五、公司的组织结构
六、各部门职能和经营目标
七、公司管理（董事会、经营团队、外部支持）</td></tr>
<tr><td>第二章 产品或服务</td><td>一、技术及技术持有
二、产品的基本状况（主要产品目录、产品特征及性能用途、产品处于生命周期的哪一阶段、产品为顾客提供的价值、正在开发 / 待开发产品简介）
三、产品的研发过程
四、产品的市场前景
五、产品的品牌和专利［知识产权策略、无形资产（品牌 / 商标 / 专利等）］</td></tr>
<tr><td>第三章 市场分析</td><td>一、市场规模、市场结构与划分
二、目标市场的设定
三、产品消费群体、消费方式、消费习惯及影响市场的主要因素分析
四、目前公司产品市场状况、产品所处市场发展阶段、产品排名及品牌状况
五、市场趋势预测和市场机会
六、行业政策</td></tr>
<tr><td>第四章 竞争分析</td><td>一、有无行业垄断
二、从市场细分看竞争者市场份额产品情况（种类、价位、特点、包装、营销、市场占有率等）
三、主要竞争对手情况：公司实力、广告营销、市场占有率等
四、潜在竞争对手情况和市场变化分析情况
五、公司产品竞争优势</td></tr>
<tr><td>第五章 管理团队</td><td>一、展示核心管理团队（主要股东介绍、董事会所有成员及高层管理人员介绍、关键员工及其背景介绍）
二、管理团队的知识结构和能力结构分析
三、激励与约束机制（各职能部门的人员配备情况和薪资情况、高层管理人员的职权分配情况、主要股东的股权结构和红利分配原则）</td></tr>
</table>

第六章 投资说明	一、资金需求说明（用量 / 期限） 二、资金使用计划及进度 三、投资形式（贷款数额 / 利率 / 利率支付条件 / 普通股、优先股 / 对应价格等） 四、资本结构 五、回报 / 偿还计划 六、资本原负债结构说明（每笔债务的时间、条件、抵押、利息等） 七、投资抵押（是否有抵押 / 抵押品价值及定价依据 / 定价凭证） 八、投资担保（是否有抵押 / 担保者财务报告） 九、吸纳投资后股权结构 十、股权成本 十一、投资者介入公司管理的程度说明 十二、报告（定期向投资者提供的报告和资金支出预算） 十三、杂费支付（是否支付中介手续费）
第七章 研发计划	一、公司研发计划的目标和方向 二、公司现有的研发力量 三、行业未来的技术发展趋势 四、公司研发新产品的成本预算及时间进度表 五、公司研发新产品的市场竞争力
第八章 生产经营计划	一、生产经营计划概述 二、公司现有的生产技术能力（现有生产条件和生产能力、扩建设施、要求及成本，扩建后的生产能力、产品生产的过程、产品生产的工艺复杂程度和成熟程度） 三、设备、厂房和生产设施 四、基础配套设施（水、电、通信、道路等） 五、资金及原材料供应 六、质量管理 七、生产经营的成本分析 八、包装与储运
第九章 市场营销计划	一、概念营销计划（区域、方式、渠道、预估目标、份额） 二、销售政策的制订（以往 / 现行 / 计划） 三、销售渠道、方式、营销环节和售后服务 四、主要业务关系状况（代理商 / 经销商 / 直销商 / 零售商等），各级资格认定标准政策（销售量 / 回款期服 / 付款方式 / 应收账款货运方式 / 折扣政策等） 五、销售队伍情况及销售福利分配政策 六、促销和市场渗透（主要促销方式、广告、公关策略、媒体评估） 七、产品价格方案（定价依据和价格结构、影响价格变化的因素和对策） 八、销售资料统计和销售记录方式以及销售周期的计算 九、市场开发、规划销售目标（近期、中期预计销售额，3—5 年） 十、占有率及计算依据
第十章 人力资源计划	一、核心管理团队成员的职业发展与薪酬 二、公司的人力资源规划 三、工作分析与员工招聘 四、公司的绩效考评与奖酬制度 五、员工的培训与职业发展
第十一章 财务分析	一、财务分析说明 二、财务数据预测（销售收入明细表、成本费用明细表、薪金水平明细表、固定资产明细表、资产负债表、利润及利润分配明细表、现金流量表、财务指标分析）

第十二章 风险分析	一、资源风险（原材料 / 供应商风险） 二、市场不确定性风险 三、研发风险 四、生产不确定性风险 五、成本控制风险 六、竞争风险 七、政策风险 八、财务风险（应收账目 / 坏账） 九、管理风险（包含人事 / 人员流动 / 关键雇员依赖） 十、破产风险
第十三章 投资报酬与退出策略	一、股票公开上市 二、股票协议转让 三、股权回购 四、股利
第三部分 附录	
一、附件 1. 营业执照复印本 2. 董事会名单及成员简历 3. 主要经营团队名单及成员简历 4. 专业术语说明 5. 专利证书生产许可证 / 鉴定证书等 6. 注册商标 7. 企业形象设计 / 宣传资料（标识设计、说明书、出版物、包装说明等） 8. 简报及报道 9. 场地租用证明 10. 工艺流程图 11. 产品市场预测图 二、附表 1. 主要产品目录 2. 主要客户名单 3. 主要供应商及经销商名单 4. 主要设备清单 5. 市场调查表 6. 预估分析表 7. 各种财务报表及财务预估表	

第六节　新企业的创办

一、企业组织形式选择

在创业之初，选择注册一家什么样的公司对创业至关重要。不同的创业组织形式均有其优缺点创业者结合自身情况趋利避害，选择合适的组织形式，是创业的第一步。

（一）企业组织形式的种类

企业组织形式是指企业财产及其社会化大生产的组织状态，它表明一个企业的财产构成、内部分工协作与外部社会经济联系的方式。现代企业的组织形式通常根据财产的组织形式和它们承担的法律责任分为个人独资企业、合伙企业和公司企业。①

1. 个人独资企业

个人独资企业是指由创业者一个人创立的“单一所有者”性质的企业。该企业类型的突出特点是无论资本、经营、风险等都由个人完成和承担。只要在合法范围内，无论所有者如何经营管理、筹集多少资本、雇用多少人都由所有者自行决定。赚钱、纳税都遵守创业者的意愿；同样，所有负债也全部由创业者的私人资产来弥补。

我国许多自营和私营企业都是包含在这类企业之下的。个人独资企业的优势在于，企业经营自主性强，受限少，处理问题的方式简单便利，企业管理方面也更为灵活自如。税务方面只支付个人所得税，剩余税后利润则由创业者自己支配。此外，创立独资企业对于创业者来说，不仅能在业务上获得利润，还能在创业过程中找到个人成就感，这是独资企业的独特优势。但是，当公司的资产不足以偿还公司债务时，创业者的个人财产将被用于偿还债务。

2. 合伙企业

合伙企业是由几个、数十个甚至数百个自然人、法人或其他组织依照《中华人民共和国合伙企业法》（简称《合伙企业法》），在中国境内设立的普通合伙企业和有限合伙企业。其主要特点是：由两个或两个以上的合伙人签订合伙协议，共同投资企业，分享利润和损失，分担风险。

合伙企业虽不如独资企业自由，决策需要同合作伙伴商量决定，但在企业规模方面仍旧具备显著优势。与独资企业相比，合伙企业的优势是资金来源广泛，信用额度大，资金筹集容易，可以解决创业者风险投资不足的问题。合伙人可以共同提出提高决策能力和管理水平的思路，集思广益，提高企业的市场竞争力。与独资企业相比，其缺点是合伙企业按合同或协议组织，结构不太稳定。

法律规定，合伙人对整个合伙企业所欠债务承担无限责任。如果一个合伙人无法偿还其债务份额，其他合伙人承担连带责任。这一条件下，合伙人之间就成

① 万生新，姬建锋．大学生创新创业教育［M］．西安：陕西人民出版社，2019：248.

了一荣俱荣、一损俱损的利害伙伴关系。同时，由于合伙人的所有权转让在法律规定下需要获得其他合伙人的同意，进而造成了该模式企业的产权不易流动的缺点。

3. 公司企业

公司是一种以营利为目的而设立，从事商业经营或为某种目的服务的，其所有权和经营权分离的企业。公司企业通常根据资助者所贡献的资本金额对公司承担有限责任。公司企业主要包括有限责任公司和股份有限公司。

有限责任公司是指不发行股票但由少数股东（通常由 2 人以上、50 名以下的股东）共同出资的公司。公司可以采取启动和建立的形式，通过优化其投资组合，鼓励投资者实现投资多元化，以实现最佳投资回报。该类型的公司无须将资本分作等额股份，但股东在进行股权转让时会受到一些限制。在有限责任公司中，董事和高级管理人员通常是掌握公司股份的人，因此公司的所有权和管理权相较股份公司并未完全分离。有限责任公司的财务状况不需要公开，公司建立和解散过程相对简单，管理组织也相对简单，是一种更适合中小型企业的组织形式。

股份有限公司是指由 2 人以上、200 人以下为发起人，注册资本的最低限额为人民币 500 万元，公司资本分为等额股份，股东以其认购的股份为限对公司承担责任，以其全部资产对公司债务承担责任的公司。由于所有股份公司均须是负担有限责任的有限公司（但并非所有有限公司都是股份公司），所以一般合称“股份有限公司”。股份有限公司可以广泛吸收社会闲置资金，有足够的资金支持。由于这种企业方式能够很好地适应现有条件下所有权和经营权分离的现代生产方式，因此，该运营商具备极大的运营自主权。对所有资产债务承担有限责任的股份有限公司，其特点为公司的股份数量与公司的总资本相同。股东对其认购的股份承担有限责任，公司对公司的所有资产负债，每股均有一票，股东享有权利，并对其持有的股份承担义务（其实质也是有限责任公司）。

在创业时大学生需要注意，由于本身缺乏对公司管理和融资方面的实践经验，因此，自身并不具备建立有限责任公司的优势。

（二）企业组织形式选择需考虑的问题

1. 税收

西方发达国家的企业创办者在创办企业之前，首先考虑的就是税收，因为不同组织形式的企业在税收上存在不同的特点。因此，投资者对企业组织形式的选择影响着企业的投资收益、整体税收和获利能力。

比如说，我国对公司和合伙企业实行不同的纳税规定。国家对公司营业利润在企业环节上不仅要征收企业所得税，税后利润作为股息分配给个人投资者，个人投资者还需要缴纳一次个人所得税。而合伙企业则少了很大一项税 —— 企业所得税，只征收合伙人分得收益后的个人所得税。但如果综合考虑企业的税基、税率、优惠政策等多种因素的存在，公司也有有利的一面，因为国家的税收优惠政策一般都是针对公司设置的。首先，对于一些特殊的行业，如高新技术企业和小微企业，由于我国政府对其采取税收优惠政策，在享受到税赋优惠政策的情况下，公司制企业可能更加节税。其次，在测算两种性质企业的税后整体利益时，不能只看名义税率，还要看整体税率。由于股份有限公司施行“整体化”措施，消除了重叠课征，税收便会消除一部分，因此一般情况下要优于合伙制企业。

2. 利润与风险

创业者能够获取的利润比例和其承担的风险是成正比的，能够占有的利润越多，其相应承担的风险也就越大。

在个人独资企业模式中，创业者独享所有利润而无须与他人分享，但同时也需要自行承担企业的所有亏损。而合伙企业的利润则按如下方法分配：首先，合伙协议有约定的，按照合伙协议的约定办理。其次，合伙协议没有约定的或约定不明的，由合伙人协商确定。再次，协商不成的，按合伙人实际出资比例确定；难以确定出资比例的，则由合伙人平均分配。最后，要注意的是，合伙协议不得约定将全部利润或亏损分配给部分合伙人。

在债务承担问题上，有限合伙人以自身认缴的出资额为标准来承担合伙企业的债务责任，普通合伙人则承担无限连带责任。另外，《合伙企业法》第五十七条规定：“一个合伙人或者数个合伙人在执业活动中因故意或者重大过失造成合伙企业债务的，应当承担无限责任或者无限连带责任，其他合伙人以其在合伙企业中的财产份额为限承担责任。合伙人在执业活动中非因故意或者重大过失造成的合伙企业债务以及合伙企业的其他债务，由全体合伙人承担无限连带责任。”

在有限公司和股份公司中，股东所获取的利润是按自身持有的股份比例和种类所分享的。然而，股东对公司的亏损并不承担投资额以外的责任。个体工商户对其所负债务承担无限责任，即个体工商户个人经营的，其所负债务由个人财产承担；家庭经营的，以家庭财产承担，而不是仅以投入经营的财产承担。个体工商户人领取营业执照，家庭成员共同经营的，可以认定为家庭经营，债务以家庭共有财产清偿。个人申请登记的个体工商户用家庭共同财产投资，收益供家庭成员共同使用的，应视为家庭经营，其债务以家庭共有财产承担。夫妻关系存续期间，一方从事个体工商户的，其收入为夫妻共有财产，债务应以夫妻共有财产清偿。以家庭共有财产承担责任的个体商户在背负债务时，应当保留未成年和无生活来源的家庭成员的必要的生活费用和生产工具。

3. 资本需求

企业组织形式很大程度上会影响企业的融资情况。合伙企业和有限责任公司的形式比较适合那些拥有一定数量资本的投资人，他们对拟投资事业的资金要求不高，不需要太大的事业规模；如果所需资金巨大，并希望经营的事业规模宏大，适宜采用股份有限公司；如果企业规模小，资金需求不高，且开办人愿意以个人信用为企业信用的基础，不准备扩展企业的规模，适宜采用独资的方式。此外，企业的存续期限、投资人的权利转让、投资人的责任范围、企业的控制和管理方式等，这些因素都会对投资人在选择企业组织形式时形成影响，必须对各项因素进行综合分析。

（三）企业组织形式选择的建议

由于不同组织形式的企业所担负的风险不同，加上创业者大多没有创业经验，资金又有限，因此，创业之初应尽量考虑找合伙人共同创业。

对新创企业来说，合伙制更利于在处理企业事务时简单迅速地决策沟通。如果成立公司，依靠公司制度处理问题，则会麻烦很多，也不够灵活。公司形式的创业在运营成本上也较合伙制高出很多。融资时，合伙人之间只要谈妥条件、达成共识就可以，而公司形式的融资渠道则需要很多繁杂的法律程序和较高的费用，尤其是股份有限公司。因此，创业者在创业时应考虑企业组织形式的正式化、弹性化和税收筹划等因素，合理选择企业组织形式，减少创业的税收成本。创业者如果想要创建风险不大、单一股权结构的小本经营项目，就比较适合个人独资或者亲友合伙的组织形式。如果想要创建经营风险大、股权结构复杂、规模大、管理水平高的企业，就适合采用有限责任公司的组织形式。如果资金不够充足，还是合伙企业最为合算，等企业规模扩大之后再转为有限责任公司或股份公司也不迟。

二、新企业选址

企业选址就是选择企业所在的地理位置。这项活动是企业长期发展的一种投资，关乎企业未来的经济效益和发展前景，作为企业创立的头等大事，直接关系着企业的生死存亡。

（一）企业选址的重要性

选址不同的企业经营效益大不相同，尤其对于生存依赖于大众消费流通的销售行业，可以毫不夸张地说“选址决定产业的命运”。由此可见，创立企业选址很重要。选址是否合适，直接关系着企业日后的盈亏。

1. 企业选址是制定经营战略及目标的重要依据

企业经营战略及目标的确定，首先要考虑所在区域的社会环境、地理环境、人口、交通状况及市政规划等因素。依据这些因素明确目标市场，按目标顾客的构成及需求特点，确定经营战略及目标，制定包括广告宣传、服务措施在内的各项促销策略。

事实表明，经营方向、产品构成和服务水平基本相同的餐厅，会因为选址的不同而使经济效益出现明显的差异。不理会餐厅周围的市场环境及竞争状况，任意或仅凭直观经验来选择餐厅地址，是难以经受考验并获得成功的。

2. 企业选址是对市场定位的选择

企业的所处位置，一定程度上决定了竞争力的大小、客流量的多少、顾客购买力的大小和对顾客的吸引程度等。如果企业选择到合适的地方，就占据到了地理优势，能够吸引大量顾客，进而生意兴隆。

3. 企业选址是一项长期性投资

所选创业地址不论是租赁的，还是购买的，一旦被确定下来，就需要大量的资金投入。当外部环境发生变化时，企业的地址不能像人、财、物等其他经营要素一样可以做相应的调整，它具有长期性、固定性等特点。因此，对餐厅地址的选择要做深入的调查和周密的考虑，妥善规划。

4. 企业选址反映了服务理念

企业选址过程中，应当将便利顾客作为首要原则。因为顾客在选取企业进行消费时，会考虑时间、交通费用的消耗。因此，企业只有在最大限度地满足顾客对于节省开支的需要时，才能获得顾客的信赖和支持，进而才能在竞争中求得生存和发展。

（二）企业选址的原则

1. 费用原则

企业首先是经济实体，经济利益对于企业无论何时何地都是重要的。建设初期的固定费用、投入运行后的变动费用、产品出售以后的年收入都与选址有关。

2. 集聚人才原则

企业选址在一定程度上也会影响人才的流失。人才作为企业中最宝贵的资源，当企业坐落在合适的地段时有利于吸纳更多的人才。反之，因企业搬迁造成员工生活不便，也会导致人才的流失。

3. 接近用户原则

对于服务业，几乎无一例外都需要遵循这条原则，如银行储蓄所、邮电局、电影院、医院、学校、零售业中的所有商店等。许多制造企业也把工厂建到消费市场附近，以降低运费和损耗。

4. 长远发展原则

企业选址本身就是企业应当慎重的一项战略性经营管理活动。因此，在选址过程中，企业家运用战略新思维，考虑市场的开拓、生产力的合理布局、产品的销售等综合因素，同时也要便于获得新技术、新思想。在经济全球化的世界经济环境中，还需要考虑如何参与国际竞争。

（三）企业选址的步骤

按照企业的性质，可以将初创企业大致分为三类：加工制造类企业、（线下）餐饮及零售类企业、其他服务类企业。不同类型的企业，选址的步骤不尽相同。

1. 加工制造类企业选址的步骤

（1）准备工作

首先，组织准备工作。由投资方组织相关的工程技术人员、系统设计人员和财务核算人员成立一个专门的工作小组。其次，技术准备工作。根据新企业预计的任务量大小和拟采用的储存技术、作业设备对所需占用的土地面积进行估算。调查了解企业所处地区的自然环境、协作条件、交通运输网络、地震、地质、水文、气象等资料。

（2）现场调查

现场调查的主要任务是具体考察拟建企业地点的实际情况，为提出选址报告掌握第一手资料，并进行综合分析，以确定多个备选地址。

（3）提出选址报告

① 选址概述。这一部分要简单扼要地阐述选址工作组的组成、选址工作进行的过程、选址的依据和原则，再简单介绍可供选择的几个地点并推荐一个最优方案。

② 选址要求及主要指标。这部分内容需要说明，为了适应企业生产和销售的特点，备选地点应当满足哪些基本要求，再简单说明各个备选地址对于企业要求的满足程度，再列出选址的主要指标，如总占地面积、生产能力、职工总数、水电需用量等。

③ 编制企业位置说明及平面图。这部分应当包括：选址的具体方位、距离标志性建筑物和大型设施的距离，以及附近的地形、地貌等，并画出区域位置图以供阅览。

④ 建设时占地及拆迁情况。这部分要说明仓库建设占地范围内的耕地情况、拆迁户数及人口数，并估算征地和拆迁费用。

⑤ 当地地质、地震、气象和水文情况。这部分应包括备选地的地质情况、地震烈度、气温、降水量、汇水面积、历史洪水水位等。

⑥ 交通及通信条件。要说明备选地的铁路、公路、水运及通信的设施条件和可利用程度。

2. （线下）餐饮及零售类企业选址步骤

首先，确定目标市场、找准服务对象，从而确定企业的经营规模和档次。

其次，在拟选区域附近，进行有针对性的、周密的调查，搜集丰富的数据，进而有利于分析对企业产品销售的影响，并将各因素进行形象化的排列，以便于企业家进行权衡取舍，拟定候选方案，提高选址决策的质量。

再次，对候选方案进行详细的评估分析。主要是对潜在顾客数量和客流规律、交通地理条件、竞争度进行评估，计算租金成本、投资回报率，对比候选企业地址。

最后，完成选址。确定企业地址的具体位置后，需要抓紧时机投资布置。

3. 其他服务类企业选址步骤

其他服务类企业的选址步骤同餐饮及零售类企业的选址步骤一样，这类企业对客流量的要求不是很高，而比较注重办公场所的档次、面积、物业、交通等因素。

第五章

大学生创新创业人才培养的创新模式与科学评价

知识经济时代，创新是引领发展的第一动力。当前，我国已吹响了加快建设创新型国家的强劲号角，加强创新创业人才的培养成为国家建设的重要内容。在此背景下，各大高校和社会团体根据自身的特色与需要创建了大学生创新创业人才培养的创新模式，为大学生创新创业的实践提供了必要的理论支持、相关培训与实践平台。此外，作为人才培养主体的高校还应建立健全大学生创新创业的相关评价体系。科学的评价体系应该具有广泛性和规范性、系统性，能对大学生创新创业人才培养的过程与成果作出公正有效的评判。

第一节 大学生创新创业人才培养的创新模式

创新模式的构建需要更新大学生创新创业人才培养的理念，调整大学生创新创业人才培养的目标，完善大学生创新创业人才培养的组织，创新大学生创新创业人才培养的模式，构建大学生创新创业人才培养的平台。在此基础上，各高校和社会团体要根据自身的具体情况构建符合自身特点和需要的大学生创新创业人才培养创新模式。本节主要列举了中国人民大学的素质教育型创新创业培养模式，北京航空航天大学的实践型创新创业人才培养模式，上海交通大学的一体两翼的创新创业培养模式，温州大学的精神传承型创新创业培养模式，以及共青团中央、中国科学技术协会、教育部、中国社会科学院、中华全国学生联合会、上海市人民政府主办，上海大学承办的第十五届“挑战杯”下的赛事型创新创业人才培养模式。

一、大学生创新创业人才培养创新模式的构建要求

大学生创新创业人才培养的创新模式在理念、目标、组织等方面都是对传统模式的更新。

（一）更新大学生创新创业人才培养的理念

大学生创新创业人才培养的创新模式需要更新大学生创新创业人才培养的理念，可以在以下六个方面形成新的理念认识。

1. 本质要求：主体性发展

在物质生活和精神生活都有着极大改善的今天，大学生对自身主体性产生了极为迫切的意愿诉求，创新创业教育就是把大学生培养成为社会实践能动的主体，尊重大学生的人格、主体地位和参与原则，最大限度地焕发学生的道德性、主动性、自觉性和创造性，培养大学生对知识、问题主动思考的质疑态度和批判精神，并运用所学的知识，解决实际问题，了解和掌握创新的创业规律和特点，有效提升创新创业主体所具备的综合素质。

2. 目标要求：价值性发展

就物质价值发展而言，基础是学习，核心是信仰，关键是实践，舍弃小我，融入大我，教育和引导大学生把个人的命运同国家的命运紧密联系在一起，到祖国需要的地方去创新创业，积极成为创新型国家的建设者。就社会价值发展而言，创新创业教育应充分利用现代文明进步所赋予的一切教育手段，整合社会力量和资源，抢占马克思主义信仰教育和社会主义核心价值观教育的制高点，突出理论武装的重要地位，着力扩展创新创业教育的社会观、价值观和发展观，培育大学生全新的生存理念。

3. 方向要求：全面性发展

大学生是一个完整的生命主体，是一个有多方面需求的存在个体。针对这一情况，创新创业教育要吸收专业教育和素质教育的内容，确保大学生身体素质和心理素质的全面发展，确保大学生物质生活和精神生活的全面发展，确保世界观、人生观、价值观的全面发展。

4. 内在要求：个性化发展

个性化发展就是对人的才能及精神的拓展和解放，是对人的天赋、爱好、秉性及风格的拓展和解放。创新创业教育可以采取以下途径实现大学生的个性化发展。其一，内容充分体现前瞻性、开放性、实践性和实用性，涵盖策略、技巧、模式、方法和手段，教学形式要为大学生所欢迎，为大学生所接受；其二，课程设计紧紧结合社会需求和经济建设，凡是社会需求和经济建设中急需的新知识、新技术、新工艺和新方法，都应当有效融入创新创业教育课程体系之中。

5. 理性要求：和谐性发展

创新创业教育是创造事业的教育，成功事业的标志包括理想道德的积极向上、精神生活的健康愉悦和自然社会的和谐统一。围绕创新创业教育的理性要求，和谐性发展要从以下三方面去展开。

（1）自然社会的和谐发展

自然社会的和谐发展是构成社会进步的重要力量，要求大学生接触自然、认识自然、了解社会、理解社会，实现从心理到思想直至行动上的真正融入。

（2）精神生活的和谐发展

精神生活的和谐发展要求大学生在德与智、知识与能力、素质与职能、心理与生理等方面和谐发展。精神生活的和谐性发展促成了社会发展的基础和条件，也促成了大学生追求更高生活质量的基础和条件。

（3）理想道德的和谐发展

理想道德的和谐发展要求大学生自觉把自己的理想落脚在为社会主义服务和为人民服务上，自觉把自身道德落脚在社会主流价值观上，落脚在社会主义核心价值观上。

6. 特征要求：创新性发展

创新性发展源于创新创业教育多样的教育体系、教育机制和教育平台，主要体现在以下几个方面。其一，结合高校产学研过程，利用社会课堂、视频教学、远程教育等诸多手段，扶植一批品牌创新创业项目，形成科技创新吸引力，以扶持意识和竞争意识形成创新原动力，搭建创新性发展平台。其二，结合学分制、休学制、转学制等弹性学制与创新创业教育配套的教育政策，解决好创新创业课程与创新创业实践、孵化基地与经济实体的联系，建立有利于创新创业人才脱颖而出的教育制度，开辟创新性发展机制。创新性发展是创新创业教育的时代命题、前进课题和现实问题，也是检验一所高校的创新创业教育工作能否实现又好又快发展的考题。

（二）调整大学生创新创业人才培养的目标

过去高等教育的培养目标，比较重视知识的掌握和技能的训练，强调人才对现实社会的被动适应，较少考虑如何充分发挥学生的主观能动性和创造潜能。在劳动力供不应求的社会条件下，对维护社会的稳定、促进社会的发展是有益的。但是，一旦劳动力供过于求，它的优越性就难以体现。在目前就业形势日趋严峻的情况下，高等教育要深化人才培养模式改革，着力提高学生的创新创业能力。高校教育的目标应该是一种理念教育、素质教育，它不仅仅是传授专业知识和专业技能，更应该是一种生存和创造理念的传播，是一种生存素质和创新创业素质的培养过程。

高校通过开展对教育思想观念的研讨，从而树立正确的质量观，开始重视、支持开展创新创业教育，认识到创新创业教育对高校事业建设发展的重要性和必要性，真正把创新创业教育提到高校事业发展的议事日程上来，更新不利于创新创业教育开展的思想观念，由培养就业型人才向培养创新创业型人才转变，扎扎实实地把创新创业教育开展好，培养创新型人才。高校的各级领导要把大学生创新创业教育作为高等教育改革、提升办学质量的重要载体来抓，纳入年度和中长期的发展规划中，进一步明确大学生创新创业教育的使命和地位。要进一步统一思想，在高校形成人人重视创新创业教育，人人贯彻、执行创新教育理念的良好氛围，凝聚起高校推广创新创业教育的合力。

（三）完善大学生创新创业人才培养的组织

现阶段开展创新创业教育的氛围还没有形成，在我国大多数高校当中，大学生创新创业教育仍然属于就业指导中心管理，这也是大学生就业的辅助渠道之一，大学生创新创业教育还没有真正进入绝大多数高校决策者的日常工作视野范围内。构建大学生创新创业人才培养的创新模式要求完善大学生创新创业人才培养的组织。

1. 成立创新创业教育领导小组

高校应进一步加强对大学生创新创业教育的组织领导，建立创新创业教育领导组织。创新创业教育领导班子应结合高校自身的定位和未来发展的战略取向，优化创新创业教育的政策环境，将高校人才培养目标定位为“创新＋创业”。通过狠抓培训、服务、激励三个环节，强化大学生创新创业意识，修炼大学生创新创业内功；搭建大学生创新创业平台，支持大学生的创新创业活动；培育大学生创新创业典型，丰富大学生的创新创业文化。高校可成立由高校党政领导、督学、有关职能部门及各教学单位负责人组成的全校创新创业教育领导小组，负责领导、协调全校创新创业教育工作，对推进创新创业教育中牵涉全局的规划、政策、表彰等重大事宜拥有决策权力，负责对全校创新创业教育工作和下级创新创业教育组织或团体进行宏观管理和监控，为大学生创新创业教育建立起强有力的组织保障。

2. 成立创新创业教育研究中心

创新创业与创新创业教育研究中心是主要从事开设创新创业教学课程、制定教学计划、进行创新创业与创新创业教育的学术研究机构，负责组织人员进行创新创业与创新创业教育的学术研究，负责组织申报各类创新创业与创新创业教育研究课题，定期组织召开创新创业与创新创业教育学术研究会议，举办创新创业学专业期刊，并积极组织创新创业与创新创业教育论坛，为创新创业和创新创业教育的理论研究和交流提供园地。高校应成立创新创业与创新创业教育研究中心，并建立一支稳定的创新创业教学科研教师队伍。

3. 成立创新创业指导服务中心

创新创业指导服务中心是推动创新创业教育发展的一个重要运作机构。高校大学生创新创业指导服务中心是高校促进校企文化结合，扶持大学生创新创业的机构，负责宣传大学生创新创业政策和信息，普及创新创业教育，开展创新创业指导和专题讲座，推广成功创新创业者的经验，负责创新创业社团的管理工作。创新创业指导服务中心可以利用校办企业或创新创业基地开展训练，通过创新创业计划中的公司创建、商业机会、创新创业资源、企业战略等实训主题，进行以自身体验为主的活动组织或者以模拟仿真为主的实战训练；可以为学生提供与成功企业家、政府官员、风险投资人、知识产权律师直接对话的机会，为学生牵线搭桥，依托企业实施创新创业；可以开展以实际案例为主的创新创业知识教学，或对具体咨询进行个别指导，从而帮助学生解决创新创业过程中遇到的诸如融资、财务管理、知识产权的评估、资本运作、收购兼并、团队协作能力、提高逆商指数等方面的问题，并设立创新创业网站，扩大受益面。

（四）更新大学生创新创业人才培养的模式

1. 大学生创新创业人才培养课程体系的更新

（1）更新课程计划

设立创新创业教育选修课，列入教学计划，增设与创新创业教育密切相关的核心课程为全校性选修课，如创新创业与风险投资管理、中小企业管理、战略管理、市场营销等课程。开设创新创业技术选修课、模拟创新创业过程的活动课、展示创新创业业绩的环境课，形成创新创业理论课、文化基础课、专业理论课、技能实践课等多位一体的创新创业课程新格局。加强创新创业教育教学计划内的实践活动，创新创业教育的课程设计要更注重实践课的比重，使其占到70%以上，目的就是使学生成为真正的实践主体、创造主体。学生创新创业能力、创新创业意识的养成和提高，关键是要亲自到创新创业实践中去体会，完成从学生到创新创业人的角色转变。

（2）更新课程内容

在创新创业教育课程内容设置方面，要突出针对性，紧密围绕培育学生的创新创业精神、创新创业知识、创新能力、创新创业技能来开设课程。创新创业课程的框架应以创新、风险、管理这三大基本主题为核心，课程设置的目的是解决与三大基本主题相关的问题。创新能力教育、风险应对能力教育、管理能力教育是创新创业课程框架中必不可少的三个核心模块，可以通过传授框架之内的课程知识来培养学生必需的创新创业综合能力。

（3）加深课程融合

创新创业教育要与专业学科优势相结合。可以以“挑战杯”“创新创业大赛”等全国大学生课外科技竞赛为契机，把创新创业活动和专业学科优势紧密结合起来，整合校内各部门的学生创新创业培养体系，创造良好的创新创业教育学习环境。强调创新创业教育思想的渗透性，各学科有效互补，建立起系统的教育学科体系。在不同学科的学习中都要注重培养学生的创造能力，开阔学生视野，提高创造性思维，重视学生的想象力和挑战精神。通过开设专门的学科课程，如“创造学”“科技发明学”等，结合专业课教学，通过渗透、结合、强化等方式，加强大学生创新创业意识的培养。创新创业教育要渗透到各个学科的教学之中，高校应该要求所有教学科目都体现出创新创业教育思想，所有科目的教师应能够教授与创新创业相关的内容。

2. 大学生创新创业人才培养师资力量的引进

提高创新创业教育课程师资水平、构建创新创业教育师资队伍体系，是当前高校开展创新创业教育急需解决的问题。高水平的创新创业型师资队伍是大学生创新创业教育的关键，加快高水平创新创业教育师资队伍的建设，是推进创新与创新创业教育的基本保障。教师作为推进创新与创新创业教育的骨干力量，在课程教材的开发、教学方法的运用、目标的实现及检测等各方面都起着关键的作用。

3. 大学生创新创业人才培养方法手段的探索

这里以大学生 KAB（Know About Business，了解企业）创新创业教育项目为例进行说明。大学生 KAB 创新创业教育项目是共青团中央根据创新创业的时代要求，服务青年创新创业的现实需要，与国际劳工组织合作推广的青年创新创业教育项目。KAB 项目的核心内容是国际劳工组织为培养大中学生的创新创业意识和能力而研发、推广的创新创业教育课程。该课程一般以选修课的形式在大学开展，学生通过选修该课程可以获得相应的学分。围绕该课程，学生还可以参加 KAB 创新创业俱乐部、创新创业大讲堂等课外实践活动。

大学生 KAB 创新创业教育项目通过传授和操练有关企业和创新创业的基本知识和技能，帮助学生全面认识和体验创新创业，切实提高创新创业意识和创新创业能力。该课程实行小班授课，采用全新的互动教学，包括理论、游戏、演示、讲座、咨询、参观等生动直观的课程内容，授课期间会邀请企业家和创新创业者来校开展讲座，并组织学生深入企业参观了解企业的运作模式等相关情况。该课程突出以学生为中心的教学思想，体现出更多的参与特点，主要以鼓励、促使学生主动思考和亲身体验为主，具有学生自我测试、课堂演示、小组活动、案例分析、头脑风暴、嘉宾访谈、商业游戏等多种形式，生动活泼，富有实践效果。

（五）构建大学生创新创业人才培养的平台

构建大学生创新创业人才培养的平台，建设高科技园区，将其作为创新创业的一个基地，从而让创新创业学生的产学研一体化得到实现，这其实就是在创新创业计划大赛的基础上所进行的一种更高层次的创新创业活动。大学生在创新创业过程中不仅要具备创新创业意识与技能，而且要具备成果转化及产品开发等方面的经验，应该将创新创业教育和科学研究、产业发展进行紧密结合。

1. 开发校内市场，建立孵化器和基地

可以将校内市场作为大学生创新创业素质培养的一个实验室，应该对这一资源进行充分利用，从而对大学生进行创新创业锻炼。高校中蕴含着巨大的校内市场，校内市场应该向大学生创新创业进行适度的开放。学生对校内的情况比较熟悉，也了解学生的需求，并且具有一定的人际关系，在校内市场方面进行创新创业具有独特的优势。

创新创业孵化器是由高校和政府负责提供基金和各种资源搭建的一个平台，然后由学生组成创新创业项目小组，并选拔有管理能力的学生担任小组的负责人。同时配备教师，对学生创新创业进行指导，为大学生在创新创业学习中解决各种难题提供帮助。高校还应该创造条件为大学生建立创新创业示范基地或者创新创业园，为学生创新创业提供必要的资金资助和咨询服务。

2. 增进校企合作，建立校外实践基地

高校通过和企业进行合作教育，安排学生实习，这样让教学更贴近于市场，让专业和市场的结合更加紧密，促使学生走进社会、深入岗位，从而亲身感受创新创业氛围，这对于学生创新创业能力的提高具有重要的推动作用，也能取得教学和社会效益的双赢。建立校外的大学生创新创业实践基地，这样就可以形成产学研一体化的教育模式。

3. 设立扶持基金，帮助学生筹措资金

高校应该设立大学生创新创业风险投资基金。该项基金可以由高校拨一笔专项资金，也可以利用各种途径吸引社会赞助。与此同时，高校也应该建立大学生创新创业风险投资基金的管理机构，对符合条件的大学生创新创业项目进行严格的选择，并对大学生创新创业项目的经营情况进行实时监控。这样一方面可以保证风险投资基金被顺利收回，另一方面也有利于提高大学生创新创业的成功率。

二、大学生创新创业人才培养创新模式的重要类型

（一）素质教育型创新创业人才培养模式

中国人民大学将创新创业教育融入素质教育之中，形成了自己的特色，构建了素质教育型创新创业培养模式。这种创新创业教育将学生整体能力素质的提高作为重点，提高学生的创新创业意识，构建创新创业所需知识结构，完善学生综合素质，把第一堂课和第二堂课进行结合，进而促进创新创业教育的开展。

1. 第一课堂方面

中国人民大学的创新创业教育主要依托公共选修课实现。中国人民大学对教学方案进行调整，加大选修课程的比例，并且开设企业家精神、风险投资、创新创业管理等一系列关于创新创业教育的课程，对教学方法进行改革，提倡参与式教学，对考试方法进行改革等，鼓励学生培养创新思维。

2. 第二课堂方面

功利性不是学习的导向，中国人民大学鼓励学生创造性地投入各种社会实践活动和社会公益活动。利用创新创业教育讲座和各种竞赛活动等方式，建立起以专业为依托、以项目和社团为组织形式的创新创业教育实践群体。

（1）创新创业之星大赛与学生创新创业园

创新创业之星大赛和学生创新创业园有密切的联系。中国人民大学的创新创业之星大赛自 2009 年开始每年举办一次，在创新创业之星大赛中获取优胜的项目可以入驻学生创新创业园。学生创新创业园是中国人民大学文化科技园的“园中园”，可以为学生的创新创业项目提供项目评估、融资等各种服务。此外，还为每位学生配置一名专业导师，对学生进行一对一的指导。

（2）中国人民大学留学人员的创新创业园

中国人民大学还建立了实行企业化运作的留学人员创新创业园。留学人员创新创业园是由中国人民大学和中关村科技园区管委会共同建立的，它不但是中国人民大学的遗产文化，而且是中关村的一个重要组成部分。中国人民大学留学人员创新创业园吸引了很多学有所成的海外留学生回国进行创新创业，为留学人员提供创意孵化和技术转移基地，这对培养具有国际视野、拥有国际竞争力的复合型人才具有重要意义。

（二）实践型创新创业人才培养模式

北京航空航天大学根据自身特点探索出了实践型创新创业人才培养模式，其主要的特点体现在以下几个方面。

1. 加强学生的创新创业意识

北京航空航天大学对学生创新创业意识的培养格外重视，对学生创新创业的兴趣进行激发，让学生从意识上进行转变。这就需要学生积累相关创新创业知识，特别是风险防范方面的知识。北京航空航天大学创新创业教育中心主任张林指出，虽然创新创业能力与创新创业经营管理的学历并不是一种正比关系，但储备相关的知识可以为创新创业打下坚实的基础。①

北京航空航天大学开设了科技创新创业方面的公共选修课，如创新创业概论、科技创新创业、创造学、创新创业管理等选修课程都已经在学校全面开设，学生可以按照自己的兴趣对课程进行自由选择。科技创新创业是全校本科生的一门公共选修课，也是开设最早的创新创业类课程。这门课程偏重实际运用，对学生的创新创业意识和创新创业兴趣进行重点培养，讲课教师大多都是来自北京航空航天大学产业集团的管理者，他们都具备丰富的实践经验。在这门课程结束之后，学生需要提交一份创新创业计划书，如果项目可行则会得到 3 万元的创新创业基金，对学生积极创新创业进行鼓励。

与此同时，北京航空航天大学还利用开设讲座等形式来对创新创业教育的课程进行丰富。在讲座方面，北京航空航天大学创新创业管理培训学院也开设了创新创业讲堂，主要是邀请一些企业家和创新创业校友来为学生进行讲解，利用企业家的实践经历，丰富学生的创新创业知识。这样就可以将直观的体验带给学生，也可以让学生近距离地与创新创业进行接触。

---

① 周晓蓉，蒋侃．大学生创新创业实训教程［M］．武汉：华中科技大学出版社，2018：97.

2. 引进社会创新创业导师

创新创业教育师资力量薄弱的一个主要原因就是创新创业教育对教师的要求很高，既要求教师必须拥有丰厚的理论基础，也要求教师具有相关的实践经验，但是一般传统的大学教师是很难达到这两方面要求的。在北京航空航天大学，创新创业管理学院的兼职教师、高校就业中心的教师和校办企业的企业家就是创新创业教育师资的主要来源，因而难以满足学生的需求，师资规模有待扩大。所以北京航空航天大学邀请社会上比较有名的企业家作为高校的创新创业导师，这样企业导师就具备一定的创新创业经验，可以为学生的创新创业实践提供指导。

3. 科技成果的产业化转化

北京航空航天大学建立了北京航空航天大学科技园，以促进科技成果的产业化。园区主要由五个专业孵化器、一个学生创新创业园和一个留学人员创新创业园组成。通过支持与促进校内科技成果产业化，对创新人才进行培养，使其成为孵化高新技术企业和培养高新技术企业家的基地，这就是北京航空航天大学科技园的宗旨。截至目前，国内外很多高科技企业已经入驻园区，其中包括金山软件、用友软件、中星微电子、福建富士通等公司。此外，北京航空航天大学科技园还为入驻企业提供代理人事培训、财务咨询、法律咨询等一系列服务，并且利用各类高科技软件为留学生创新创业企业提供信息平台，及时地进行国家相关优惠政策的更新与发布。

为了让创新创业者的整体素质得到提高，确保创新创业者知识的与时俱进，让创新创业者的实践能力得到进一步加强，让大学与企业的文化进行相互融合，北京航空航天大学科技园成立了北京航空航天大学创新创业管理培训学院，其开展的培训主要包括创新创业与管理创新、高新技术技能培训和科技园内部培训。这不仅可以让创新者的知识得以及时更新，而且内部培训主要针对园区的工作人员，可以将完善的服务提供给创新创业者。

北京航空航天大学推出实习、实践、创新创业和就业的综合基地，这是一种新的创新创业教育模式。这一新型的基地是对所有大学生开放的，它是企业与学生之间的人才交流平台，是一个多功能、多元化的实践基地。首先，和企业签订协议，为大学生提供实习岗位；其次，聘请专业的教师对学生进行指导；再次，可以为大学生的创新创业提供场地，对大学生创新创业进行鼓励；最后，对企业信息进行收集，建立企业信息库，举办专场招聘会，从而对学生的就业起到推动作用。

（三）“一体两翼”的创新创业人才培养模式

上海交通大学创建了一体两翼的创新创业人才培养模式。一体两翼模式不仅可以为想要创新创业的学生提供专业化教育，而且可以照顾全校学生，通过开展通识教育对学生的创新能力进行重点培养，为学生以后走向社会打好基础。一体两翼模式让创新创业教育形成了一个有机的整体，它利用各个方面的资源服务于创新创业教育的同时，也使理论与实践相互结合，利用课堂、比赛、创新创业的相关联系，让学生对创新创业产生更深层次的认识，从而为以后的创新创业活动打好坚实的基础。

1.“一体”

“一体”指的是以创新创业学院为载体，打破创新创业教育旧体制。上海交通大学利用“无形学院，有形运作”的新模式，以全面系统的创新创业素质教育为核心，构建完整的创新创业教育、训练、孵化链。创新创业学院将来是面向全体学生的，通过开设通识课程对学生的创新创业精神、创新创业品格进行培养。与此同时，对具有强烈创新创业意愿的学生，开设有针对性的创新创业课程，从而聚焦各种资源，培养大学生创新创业的种子选手。

创新创业学院每年计划招收50—60名学生进行具有针对性的培养。创新创业学院只是一个无形的学院，它不能对学生原有的学籍和院系进行改变，因此创新创业教育能够成为现有专业的有效补充体系。创新创业学院的学员可以开展多种活动，包括开学典礼、体验式培训等，并且到校外进行实地的调查访问。上海交通大学创新创业学院的办学，比较注重国际化，因此也与百森商学院、麻省理工学院的斯隆商学院进行合作。

2.“两翼”

“两翼”指的是“面上覆盖”与“点上突破”。“面上覆盖”就是指将创新创业理念渗透于专业教育中，进行通识教育。“点上突破”则是指在创新创业学院之内对学生的创新创业能力进行重点培养，让学生可以成为未来的产业巨子。也就是说，采取不同的教育模式对不同的学生进行培养，这对推动学校的创新创业教育发展具有重要意义。根据学生的不同需求，上海交通大学进行了分层次的创新创业教育。学校对大多数学生都是对其创新创造能力进行培养，并将此作为高校的育人目标；而对于那些具有强烈创新创业意愿与创新创业能力的学生，高校必须对其进行重点的培养。这种教学模式就是面上覆盖和点上突破的具体体现。

（1）“面上覆盖”

上海交通大学面向全体学生开设了创新创业的通识课程，与此同时，还举办了创新创业计划大赛、大学生创新计划等特定的项目。

① 创新与创新创业课程

上海交通大学通过对资源进行有效的整合，进一步提高了学生的创新创业意识与能力。上海交通大学的创新创业课程主要包括创新创业教育大讲堂、小班化专题辅导和团队创新创业计划大赛三个部分，具体如下。

第一，上海交通大学邀请具有创新创业经验的企业家来为学生讲述自己的创新创业经历，如联想、新浪等企业的领导人都曾到创新与创新创业大讲堂，为学生举办讲座。

第二，小班化专题辅导是创新与创新创业大讲堂的一个补充和深化，其教学的重点就是案例分析与实务模拟，帮助学生对创新创业活动进行实际的了解。小班化专题辅导的目标就是完成商业计划。在开展创新与创新创业大讲堂时，来自不同专业的学生会被分成若干个小班，每一个小班都是在班主任助教的带领下进行团队辅导，让自己专业的特长得到充分发挥，进行思维的碰撞。其课程内容主要包括团队拓展、企业家精神、商业计划和创新创业融资等多项专题教育。

第三，在进行小班化专题辅导时，每一个团队要对自己的商业计划书进行确定，然后每个班级推荐两个团队来参加创新创业计划大赛，最后评委会通过项目的盈利能力、市场占有率等指标对项目的可行性进行确定，并评定名次。如果这一项目可行，则可以投入风险基金，从而保证项目成为现实。团队创新创业计划大赛是创新与创新创业大讲堂和小班化专题辅导之后的一个项目。

② 创新创业计划大赛

上海交通大学利用创新创业计划大赛，利用一系列的评审培训和辅导，对学生的创新意识和创新思维进行重点培养，为有创新创业理想的学生提供了一个展示自我的舞台。上海交通大学举办的创新创业计划大赛持续的时间大约有 8 个月，其关键阶段主要包括准备、预赛、初赛、决赛等。在这一时间内，主办方还会举办组队沙龙、答辩技巧和专题培训等活动，在参加比赛的过程中，学生不仅可以体验创建公司的整个过程，而且可以学到不少知识。

（2）“点上突破”

“点上突破”更重视实际与学生创新创业能力的培养，它对专业化的培养比较重视，其主要目标是培养未来的企业家。这就要求学生必须具备强烈的创新创业意愿，对学生的创新创业能力具有很高的要求。

① 资金支持。

上海市大学生科技创新创业基金在上海交通大学设立了分级基金，由市财政每年投入1000万元资金，再由高校每年投入1000万元的配套资金。该基金对上海交通大学应届的毕业生、在读博士生和硕士生进行帮助，不采取分红盈利的模式，资助以两年为期限，期满后可以转让股权。这样有力的资金保障可以为学生的创新创业打好坚实的基础，让学生的科技成果迅速地转化为实践成果。[①]

上海交通大学鼓励大学生进行创新创业，并在资金上给予一定的支持与帮助。例如，在创新创业计划大赛中，获取金、银、铜等奖项的学生可以分别获得10000元、6000元和3000元的奖金。如果选手把获奖项目投入实际的创新创业中，那么就有机会获得上海市科技创新创业基金的支持与帮助。与此同时，还可以获得江苏江阴高新技术创新创业园的跟踪，从而获得一定的孵化资金。

② 基地建设

上海交通大学与紫江集团等七家股东单位共同集资成立了上海紫竹科技园区，利用校企联动，让大学的人才优势得到充分发挥。紫竹科技园区为进入园区的科研人员提供人力资源、风险投资、中介咨询、交通运输、娱乐休闲等多种服务。园区依靠人才优势和产业优势，让企业的运营成本得到了最大程度的降低，为小企业提供了良好的发展空间。

（四）精神传承型创新创业人才培养模式

温州大学以温州特色为基底，创建了精神传承型创新创业人才培养模式，致力于传承温州的创新创业精神。温州大学深化教育教学和人才培养模式改革的一项重要措施就是大学生的创新创业教育，让大学生创新创业教育本土化实践得以实现，形成了大学生创新创业教育的温州模式，这对创新创业人才的培养具有重要的意义和影响。温州大学创新创业教育的新做法对我国创新创业教育的开展具有重要的意义。

1. 以温州精神为依托

（1）传承温州开创精神，点燃创新创业激情

温州大学以温州人的创新创业精神为指导，积极培育大学生五个方面的创新创业意识，即自主、吃苦、冒险、创新和合作，推进大学生自主创新创业。温州

① 周哲玮．当梦想照进现实——上海大学大学生创业案例集[M]．上海：上海大学出版社，2010：175.

被誉为“创新创业热土”。受永嘉学派“经世致用”“利义并重”“工商皆本”思想的影响，温州的地域文化孕育着浓厚的创新创业意识。一方水土养一方人，温州这个充满了浓厚的创新创业精神的地方培育了每一个温州人的创新创业意识和创新创业精神，点燃了每一个温州人的创新创业激情。根据温州大学关于大学生创新创业的调查问卷显示，温州大学的学生创新创业意识比其他地区明显要高，并且其创新创业实践也明显高于其他地区。

（2）打造创新创业学院，提升创新创业素质

在温州创新创业精神的引领下，温州大学不断进行创新创业教育探索，逐步形成创新创业型人才培养的办学特色。创新创业人才培养学院是温州大学负责全校大学生创新创业教育教学管理、创新创业实践和创新创业研究的部门学院。创新创业人才培养学院的目标就是培养具有创新精神、创新能力和社会责任感的应用型人才，逐渐形成创新创业型人才培养的办学特色。利用开展各种创新创业教育的机会，带动学业、就业、创新创业的教学改革，让学生的创新创业意识得到增强，并对学生的专业知识进行强化，从而让学生的动手能力与适应能力得到提高。

2. 发挥温州地域特色

温州大学结合了温州的地方特色，对创新创业教育的模式进行构建，其所坚持的导向就是产业的发展和企业的需求，让区域资源的整合作用得到发挥，对人才培养的特色化和个性化给予重视。在实现地方高校教育理念转变和人才培养模式创新的同时，对创新创业教育实践的平台进行构建，这就成功地突破了我国大学生创新创业成功率低的瓶颈。

（1）坚持创新创业教育与专业教育相结合

创新创业教育和专业教育是互相促进的过程，两者是相互渗透和相互融合的。创新创业教育不应游离于学科课程之外，而应依托于学科教学过程的“重构”，从而使学生学以致用，使创新创业教育发挥更好的效用。教育部在《关于大力推进高等学校创新创业教育和大学生自主创业工作的意见》中强调，应在专业教育基础上大力推进高等院校创新创业教育工作。[①] 温州大学根据不同的课程内容和要求，将创新创业意识、创新创业精神、创新创业能力等方面的内容融入其中。在秉承温州开创精神的基础上，将“温州模式”放入创新创业教育发展过程中，将创新创业透明化，纠正创新创业等于高新技术的观念误区。

① 邓文，张明洁．大学生创新创业实用教程 [M]．武汉：华中科技大学出版社，2018：17.

温州大学开展的大学生创新创业教育比较重视鼓励学生发挥专业优势，提倡学生学以致用，让创新创业与专业学习紧密结合。同时建立专业的创新创业工作室，搭建创新创业平台。这是一种具有低成本、低风险、高成功率等特点的草根创新创业模式。近年来，温州大学还围绕地方支柱产业和科技开发来推动实验教学的改革，重点强调产学研的深度合作，与地方的需求进行对接，从而打造出多个学生素质拓展社会实践基地，创造出一种积极向上、健康有序的文化氛围。这种与专业相结合的创新创业教育，可以让学生学有所用，有利于学生创新创业热情的激发，也有利于学生创新创业能力和创新创业意识的培养。

（2）构建三级联动的创新创业教育实践平台

根植于以自主创新创业为核心的温州经济模式，温州大学构建了学生创新创业工作室、学院创新创业中心、高校创新创业园三级联动的创新创业实践平台。学生创新创业工作室，即学生自己自愿组合、自发组建团队，根据自己的专业成立专业的创新创业工作室；学院创新创业中心为学生的创新创业工作室服务，为学生在创新创业过程中提供咨询和指导；高校创新创业园为有突出成绩的创新创业工作室提供进入高校创新创业园区孵化的机会，使其更好地发展。

三级联动的创新创业教育平台将更好的创新创业环境带给学生，并且形成了具有特色的创新创业氛围，对学生的创新创业活动进行不断的鼓励。温州大学的三级联动创新创业教育平台，给很多学生的创新创业实践活动提供了很多的帮助，让大学生一步一步地走向自己的梦想。如高校创新创业园区所进行的智能科技服务工作室、瑞石投资顾问工作室等团队，其从最初组建创新创业工作室到后来逐渐进入高校创新创业园区，经历了创新创业教育与创新创业实践的整个过程。

3. “产学研”相结合

（1）充分利用社会资源

与温州形成的独特的“走出去，引进来”发展模式相对应，温州大学的创新创业教育充分利用社会资源，加强产学研一体化发展，实行“双百人才”联动计划。[①]“双百人才”联动计划，即有计划地推动百名教授（副教授、博士）进企业、进社区、进农村、进机关，以企业顾问的身份参与创新创业，实现“走出去”；同时从政府部门、规模企业聘请百名人才进高校、上讲台、做学生导师，指导大学生创新创业和就业，实现“请进来”。这样的合作战略搭建了理论和实

① 张晓娟，李春琴．大学生创新创业教育研究［M］．北京：兵器工业出版社，2018：160.

践的桥梁，形成校企联盟。

对于高校而言，校企合作的深化在很大程度上推动了应用型和创新型人才的培养。构建多元化的师资队伍，对教师的知识结构进行优化，从而让高校的科研水平得到提升，这样就可以吸引社会对高校进行关注，让高校的影响力得到扩大。对于学生而言，让学生所学的课程内容和实践紧密结合，可以使其学以致用。与企业家进行深入的交流，可以让学生的创新创业意识和创新精神得到增强，为以后的创新创业打好基础。企业可以将更多的实习实验基地提供给学生，从而为学生搭建就业平台，让学生到企业中实习，这对学生视野的扩大和实践能力的提高都具有重要意义。对于企业而言，企业和高校进行合作，可以从高校的人才库中选拔出优秀的人才，然后对优秀人才进行重点培养。让高校的学科优势与人才优势得到充分的发挥，这对于科研成果转化率的提高具有推动作用。

（2）调动温州的华侨资源

温州市人民政府侨务办公室主办的温州侨网每年都举办夏令营活动，同时还有参观全国民营企业、建立基地、组织各种比赛和体验海外文化之旅等活动。这些活动为温州学子打开了视野，也开拓了大学生海外创新创业的领域。温州是全国重点侨乡之一，得天独厚的华侨商业资源成为把温州大学生创新创业项目引向海外的重要桥梁和纽带。调动温州丰富的侨商资源，为温州高校在开创本土创新创业教育和海外创新创业实践方面提供了机会，从而对实现温州经济的长远发展产生了深远影响。

（3）加强与外界的对接

作为一种特色教育，温州大学与外界的对接也逐渐加强，尽最大努力构建创新创业教育的保障体系。在国家与省、市创新创业政策的基础上，温州大学进一步加大了高校创新创业教育的政策力度，强化了创新创业实践园区的建设，为学生免费提供设施与产地，并且也加大了对创新创业教育经费的投入。温州大学进行高校之间的交流合作，发挥协同作用。温州大学非常重视与其他高校之间的交流合作，如与其他高校共同举办创新创业计划大赛、科技创新活动等，并开展丰富多彩、形式多样的课外创新创业教育活动，对创新创业教育工作进行参观与考察，让各校之间的协同促进作用得到充分发挥。温州大学成立校企合作的平台，并打通了交流的渠道。它通过建立校友联谊会、校企合作平台等多种渠道对社会资源进行整合，从而成立创新创业基金，成功吸引社会风险投资基金、企业家捐助基金等，为大学生的创新创业教育提供了基本保障。温州大学让中小民营企业的优势得以发挥，与园区布局进行对接，在众多中小民营企业资源的帮助下，重点建设大学生的创新创业实践基地，尽最大努力争取使用校外的经济技术开发区、高新技术开发区、工业园区等，为专业对口的学生建立校外创新创业的孵化基地。

（五）赛事型创新创业人才培养模式

近年来，各类学科竞赛和创新创业类竞赛蓬勃发展。高校积极开展各类高水平的创新创业竞赛，致力于人才培养和提升大学生的综合能力。重大赛事是创新创业教育的重要载体，此地主要以共青团中央、中国科学技术协会、教育部、中国社会科学院、中华全国学生联合会、上海市人民政府主办，上海大学承办，中国银行冠名的第15届“挑战杯”中国银行全国大学生课外学术科技作品竞赛决赛为例，着重分析赛事型创新创业人才培养模式。①

1.“挑战杯”竞赛与创新创业教育

（1）“挑战杯”竞赛有利于提升学生的综合能力

① 训练学生的意识和思维。竞赛活动是学生各种思维过程的综合体现，是对学生理论知识和实践能力的综合运用。竞赛是对竞赛项目进行认真分析、有效推理、准确判断与综合运用的过程，有利于学生创新意识和创新思维的培养，以及激发学生的创造能力。

② 锻炼学生的创新创业能力。创新创业的灵感和冲动往往都来源于实践，更需要在实践中检验。竞赛能将创新精神和实践能力有机结合，有创新的实践才是真正有收获和意义的实践活动。竞赛需要学生们用“创新精神”去实践，需要学生进行构思、设计、实施和运行，将创新能力和实践能力紧密结合。

③ 提高学生的综合素质。在“挑战杯”这类高水平的竞赛中不难发现，学生的主观能动性得到了充分的发挥。在比赛过程中有大量的思考、观察、分析、比较、判断、推理、测试、沟通、协助等环节，这些环节不仅考验了学生的知识水平，而且考验了学生的意志水平。一次比赛就是一次生理和心理的双重考验，一次比赛更是促进了学生的人格养成，内外兼修才是创新创业人才培养的终极目标。

（2）“挑战杯”竞赛有利于创新创业教育

竞赛的良好势头与近年来我国大力推进创新创业教育联系甚密。通过创新创业类竞赛的影响，不断地促进创新创业教育，可以为创新创业教育提供有力的辅

① 顾骏．创新时代 青春出彩[M]．上海：上海大学出版社，2017：158.

助和保障。

① 竞赛融入创新创业教育体系。大学生的创新创业理应区别于社会一般性的创新创业，更强调学科专业和科研训练的相互结合。许多高校就是“以赛促创”，以比赛为契机，促进人才培养方式的改革，促进教学改革，通过学赛结合，将竞赛融入创新创业教育体系和人才培养体系中。作为主办方之一的上海大学为了充分利用“挑战杯”等竞赛活动提升大学生的创新创业能力，还专门建立了针对创新创业竞赛的工作体系，针对院系、校内、省市、国家等不同级别的科研项目建立了相应的孵化平台。

② 竞赛项目与专业融合，学赛并重。各高校的获奖都立足于相关专业优势，学生有专业背景，易于把研发成果转化为创新创业成果。只有将专业优势与创新创业融合，才能使项目“修成正果”。例如，上海大学通信与信息工程学院的获奖项目“多维视觉卒中后手功能康复定量评估平台”就是基于学院专业特点。项目组与华山医院康复专家共同确定了一套中风后手功能康复标准评估动作，研制平台工程样机，通过光学智能动作捕捉与计算机视觉关键技术，解决中风病人手部精细功能识别困难的核心问题。采用非接触式、非介入式、对患者无不适感的多维数据融合技术，利用相关核心技术申请发明专利多项，研制的工程样机被华山医院康复专家认为是本领域内首创。该项目在康复医学方面极大地拓展了对原有定性康复评估的认知，同时对于我国大量的中风存量病人而言，是一个重要的康复促进手段，具有极大的市场空间。

③ 竞赛对象建设梯队的创新接力。“挑战杯”竞赛很多都以团队参赛，因此需要在组队时保证队员有年级梯度和明确的分工。例如，主要科研任务由三、四年级的学生负责，二年级学生可以参与一些实验操作、撰稿、绘图等事务性工作，等下一届的时候，原先的低年级学生就可以成为研究的主力。这样一种阶梯型队伍有利于保证重点项目的延续性和以老带新体系的形成。同时，多学科前沿技术交叉的作品具备较强的竞争力。高校不仅在选题上注意融合各个优势学科和各学科已有的科研进展情况，在队伍的组建上也贯彻学科交叉的思路，根据项目的需要选拔优秀学生进行组合。

2. “挑战杯”决赛的长效工作机制

上海大学以筹办“挑战杯”大赛为契机，深化综合改革，在完善组织运行机制、创新人才培养模式、引入市场化工作机制等方面进行了卓有成效的探索，为高校将来的创新人才培养工作打下了良好基础，激发了创新创业教育的新动能。

（1）完善组织运行机制

在“挑战杯”竞赛下，主办学校上海大学建立了全校办赛机制体制，根据工作职能成立了 10 个筹备工作组，按照项目进行工作。项目制工作组的设立，优化了管理工作流程，加强了部门之间、岗位之间的协同配合，形成了工作合力。结合上海大学综合改革方案的要求，项目制的工作方式值得进一步探索优化，形成组织运行机制上的经验，从而在未来使高校管理体制更符合高等教育的发展规律。

（2）创新人才培养模式

上海大学以筹办大赛为契机，完善了覆盖全校的学生课外学术研究项目培育激励方案，通过资源配置体系、评价体系和管理架构的系统重构，在全校营造重视人才培养的良好氛围和工作机制，鼓励指导教师和学生开展学术研究项目。同时，高校在筹办大赛期间，与香港经纬集团深度合作，成立了上海大学紫荆谷创新创业发展辅导中心，辐射并促进中国香港、中国澳门、中国台湾的青年创新创业工作。今后，高校将会更多地引入市场的力量参与人才培养过程，探索课程、培训、大赛、实践、孵化、融资等相互连接的创新创业教育体系，逐步整合创新创业教育资源，建立健全创新教育平台体系，增加和完善创新创业精神、创新创业思维、创新创业实践课程模块，面向全体、分类施教、结合专业、强化实践，开展创新创业教育，力求为社会培养更多具有全球视野、公民意识、人文情怀、创新精神、实践能力并能应对未来挑战的人才。

（3）引入市场工作机制

通过社会化办赛的运作，校企合作共赢的理念进一步深化，探索了更为高效科学的市场化操作机制，在需求和供给两方面进行了探索和改革，进一步保障了各方权益。同时，以筹办“挑战杯”竞赛为契机，高校与各类科技园区、高新技术园区、孵化器及创新创业基金会开展了深度广泛合作，更好地发挥产学研协同优势，为科研项目提供转化服务，增强地方高校服务地方经济社会发展的能力，提高了把“纸”变成“钱”的能力，为创新创业人才教育和人才培养提供了良好的生态环境。

第二节　大学生创新创业人才培养的科学评价

评价是改进和提高的基础，高校创新创业教育的质量和水平要得到持续的改进和提高，必须以科学评价为基础。本节将具体探讨大学生创新创业率的评价、大学生个体发展水平的评价、创新创业的纵向综合评价三个方面的问题，并在此基础上建立起与高校创新创业教育相匹配的价值导向、质量标准和评价方式，进而形成全新的科学评价观。

一、大学生创新创业率的评价

创新创业率的概念一经提出，就受到社会各界的关注，其中不乏尖锐的批评和深度质疑。社会上之所以用大学生毕业时的创新创业率来评价创新创业教育的效果，是因为近些年来国家高度重视高校的创新创业教育，为创新创业教育持续投入了大量的人力、物力和财力，力求达到以创新创业促进就业的目的。如果这些举措认可的基本理论经过了系统的创新创业教育，那么大学生毕业时创新创业的比例应该有显著提高。但是，实际的情况却不像设想的那样理想。

有学者认为："从测量角度看，创新创业率指标因为简单、可比而显示出实用性。这可能在市场经济发达的欧美国家较为适用，但是否适应中国背景下高校大学生创新创业教育效果的衡量，就很值得商榷了。"[①]之所以出现这种情况，主要原因在于，社会高度关注的高校毕业生创新创业状况是衡量高校人才培养质量的重要指标，因此它必须客观地反映毕业生创新创业的全面情况。而创新创业率仅仅是指已创新创业人数在全体毕业生人数中所占的比例，只是一个数量指标，只是创新创业状况的一个方面，缺乏更为重要的质量维度，所以不能够全面反映高校创新创业教育的整体质量。

创新创业率指标确实存在着明显的缺陷，但也有它存在的价值：一是可以看出中国高校毕业生毕业时选择创新创业的一般状况，从而作为反映高校创新创业教育实际效果的一个维度；二是从这个指标可以看出除了创新创业教育，创新创

① 侯力红，姬春林．互联网＋大学生创新创业教育研究 [M]．北京：科学技术文献出版社，2017：197.

业环境对于大学生创新创业的实际影响；三是从这个指标可以看出，与美国等国家相比，中国高校创新创业教育时滞效应的严重性和改进程度。所以，创新创业率这个指标并不错误，关键是不能用它作为评价高校创新创业教育状况的唯一指标。创新创业教育状况是一个综合性指标，它包含创新创业率，但又不只是创新创业率，这就有效避免了单一量化评价指标带来的诸多弊端。

二、大学生个体发展水平的评价

（一）个体发展评价维度

在个体发展水平评价方面，同样有数量评价和质量评价两个维度。

1. 数量评价维度

在数量评价方面思路要更开阔一些，不能只评价学生创办了多少企业、创造了多少工作岗位、学生创新创业的收入情况等显性指标，还要立足大创新创业教育观，实现创新创业教育与就业教育的衔接联动，把学生的就业率和在就业岗位上的发展情况、收入情况等都作为评价参考的对象。

2. 质量评价维度

在质量评价维度方面，创新创业教育涉及学生综合素质的培养和提高，所以在这方面有很多指标可供选择：既包括个体的主动学习精神和终身学习理念的确立，也包括个体在意识、个性、能力、知识的形成和掌握方面的提高和发展；既包括学生参加创新创业的社会实践情况，也包括学生是否能在创新创业实践中获得一些经济和社会效益，还包括学生是否明显增强了对社会生活的适应性等内容。

（一）创新创业意向评价

1. 创新创业意向评价的现状

中国相关领域学者基于中国本土创新创业意向研究的特点，重点考察创新创业意向维度结构和影响因素两个方面。在创新创业意向维度结构上，从创新创业意向的概念界定出发，对维度结构进行实证分析，探索出需求性、可行性和行为倾向三级模型。在创新创业意向的影响因素上，国内学者虽选取不同的研究对象、视角和工具，但归纳而言主要涉及个体的人格特质、背景因素、环境因素和自我效能感等变量。国外创新创业意向研究在充分进行基本理论研究与实践现实应用之上，更加关注创新创业意向评价的具体测量指标，主要表现为以下三个方面：第一，关注创新创业教育对创新创业意向的影响，着重从人力资源理论和创新创业自我效能视角探究创新创业教育对创新创业意向的正负向作用；第二，关注性别差异对创新创业意向的影响，尤其关注基于不同性别的个体创新创业自我效能的提升与实现；第三，关注角色模型对创新创业意向的影响，探究榜样示范力对创新创业意向的推动作用。

2. 创新创业意向评价的问题

（1）创新创业意向的内涵研究有待深化

创新创业意向含义界定的个性化、创新创业意向术语使用的混合化、创新创业意向维度结构的模糊化等，都需要创新创业意向研究的基础理论从根本上进行创新。作为研究创新创业意向的前提性依据，当前有关创新创业意向的概念和内涵没有在学界形成统一认识，这为进一步深化和拓展创新创业意向研究带来了一定的困难。

（2）创新创业意向的测量研究有待统一

由于学界目前对创新创业意向的概念和内涵尚未达成共识，创新创业意向在基础理论、前沿拓展等方面的研究不成熟，导致创新创业意向研究从多人出发、形成多种问题意识、有多种探索表达，集中表现为研究工具、统计方法、监测手段的不一致。

（3）创新创业意向影响因素模型有待完善

构建创新创业意向影响因素模型是了解创新创业意向生成机制和干预方法的基础。虽然当前我国对创新创业意向影响因素的研究取得了一定进展，但向纵深发展依然是当前工作的重点，应该进一步探究多个个体性变量及非理性认知对创新创业意向的作用、自我效能感等变量对创新创业意向研究的影响。

3. 创新创业意向评价的趋势

（1）建设实效性的双创意向研究机制

当前创新创业意向研究的基础理论和实践应用有待深化，而能够推动创新创业意向研究的基础性工作是建立国家框架，为创新创业意向研究提供统一的测量标准，并提供一个国家关于创新创业意向内涵和结构的权威性界定，从而推动创新创业意向研究在基础理论和实践应用等领域的发展。

（2）强化潜在创新创业者的自我效能

在创新创业意向研究中的关键中介因素即为“自我效能感”，这一个体性因素是了解创新创业行为的中心点和观测创新创业行为的最佳指标。由于人对自我有效能期望，才能由内在机制产生创新创业的兴趣和动力，并向外拓展为创新创业行为。由此，以恰当的创新创业教育对自我效能感进行合理引导，是促进个体自我效能产生最大价值的重要途径。

（二）创新创业能力评价

目前，对于创新创业能力评价的研究主要聚焦于创新创业能力结构模型的构建。例如，钱德勒和汉克斯认为，创新创业能力包括识别与利用机会的能力、概念性能力、坚持不懈的能力、人力能力、政策性能力、技术能力等六大维度。① 曼恩构建了包含机会胜任力、关系胜任力、概念胜任力、组织胜任力、战略胜任力和承诺胜任力在内的六维创新创业能力结构模型。② 但是，创新创业能力模型更大程度上是一个规范性的指引，如何使用这个指标体系则涉及创新创业能力评价方法的科学性问题，这方面还没有引起业界的足够重视。

优化创新创业能力评价，一方面是要把创新创业能力作为国家战略，整合优势资源和力量，构建中国创新创业能力国家框架，为创新创业教育提供重要参数；另一方面，要进一步深入研究创新创业能力评价方法，基于创新创业能力国家框架，构建一套科学有效的创新创业能力评价方法体系。例如，从创新创业能力分类培养的角度提出应该对大学生的创新创业能力进行综合性的、过程性的评价，认为创新创业启蒙阶段，应该采用量化测评的方式，对所有大学生的创新创业能力进行全面评价，了解各种具体能力的强弱。在创新创业预启动阶段，当少部分学生决定创新创业时，要采用民主评议的方式帮助学生分析各种创新创业类型需要的核心能力，同时采用量化测评的方式评价特定能力的强弱；在学生创新创业初期，要采用专家诊断法对学生在创新创业实践活动中表现出来的能力进行评价。

有学者提出了“内生变量”和“外生变量”的概念，认为应该从内生变量的角度，如使用大学生创新创业意向和创新创业能力指标，来评价高校创新创业教育状况。③ 以创新创业意向和创新创业能力这两项内生指标来评价高校创新创业教育，确实能够有效地反映出创新创业教育的实际效果，但问题在于，创新创业

---

① 滕飞，冉春秋．创新创业管理［M］．北京：首都经济贸易大学出版社，2018：95.

② 侯力红，姬春林．互联网＋大学生创新创业教育研究［M］．北京：科学技术文献出版社，2017：201.

③ 储祖旺．高校学生事务管理质量与评估［M］．武汉：中国地质大学出版社，2017：252.

教育评价是一个巨大的系统工程，这两项指标也只能测评部分短期效应，而对于整体效果和长期效应则无能为力。创新创业意向和创新创业能力指标也需要在实践中不断改进和完善。

三、创新创业的纵向综合评价

计划行为理论具有良好的解释力和预测力，它能够提供形成行为态度、主观规范和知觉行为控制的信念，而这些信念是行为认知和情绪的基础，通过影响和干预这些信念，可以达到改善甚至改变行为的目的。纵向综合评价主要应用计划行为理论对创新创业教育前后态度与行为变化的情况进行有效测度，并进行长期跟踪和纵向比较研究。①

（一）纵向综合评价的现状

计划行为理论是社会心理学中最著名的态度行为关系理论，该理论认为行为意向是影响行为最直接的因素，行为意向反过来受态度、主观规范和知觉行为控制的影响。创新创业教育存在广泛性、分散性与持续性的突出特点，对学生产生多方面影响，深刻影响和改变受教育者的创新创业行为、技能和态度。三者当中，评价技能相对容易，而评价行为和态度的变化就非常困难了。行为和态度的变化既有短期的表现，也有长期的效果，如何对态度与行为变化的情况进行有效测度，并进行长期跟踪和纵向比较研究，是一个极大的难题，需要借助有效的评价工具。计划行为理论提供了基于创新创业意向考察的创新创业教育系统化评价指标，对创新创业教育评价的发展有一定的借鉴意义。

法约尔等学者引入计划行为理论对创新创业教育项目进行评价，根据计划行为理论的三个核心要素——指向行为的态度、主观规范、知觉行为控制，设计了包含六项内容的综合评价指标，形成了系统化指标。这些指标综合评价了创新创业教育项目的纵向影响。② 对于这个评价体系，法约尔等学者认为它有两点特殊之处：其一，它是一个对创新创业教育效果进行纵向评价的一个相对的方法；其二，它是计划行为理论的一个特殊用法，不是用作创新创业行为的预言者，而是作为一个评价框架与其他评价体系相比。这个评价方法聚焦于创新创业项目的

① 侯力红，姬春林．互联网十大学生创新创业教育研究 [M]. 北京：科学技术文献出版社，2017：202.

②［德］理查德·韦伯著；杨晓慧，王占仁编译．创业教育评价 [M]. 北京：商务印书馆，2017：50.

影响，主要是根据学生创新创业态度和心态而产生的革命性变化，而不是仅仅根据创办企业的数量来评价创新创业教育的效果。这就从根本上有效地避免了学生参与创新创业教育项目原因单一的设想，学生参与创新创业教育项目不只是对创办企业感兴趣，也可能是通过接受创新创业教育来提升创新创业意识和改变心态。

（二）纵向综合评价的问题

里查德·韦伯深入探讨了运用计划行为理论进行纵向综合评价时在理论与应用两个方面遇到的挑战。[①]

1. 理论方面的挑战

在理论方面，计划行为理论面临以下两个挑战。

第一个挑战是充分性问题。针对充分性的质疑主要集中于三个方面：过去行为、自我认同和预期情绪。过去行为的频率不足以用来解释未来行为的表现。为了证明目前的行为受到了过去行为的影响，必须回答这样的问题——为什么一个人在过去会采取某种行为方式？现有针对自我认同的衡量标准没能提供新的见解，也没能被应用于计划行为理论已有的三种态度因素之中。计划行为理论经常因否认情感或情绪反应的影响，被批判“过于理性”，而预期情绪反应也会对意向和行为有直接的影响。但是，这个因素并没有为计划行为理论增添价值。

第二个挑战是理性的问题。计划行为理论被认为过于理性，它强调对操作模式的谨慎运用，忽略了直觉和自发的模式。

2. 应用方面的挑战

在应用方面，计划行为理论面临的主要挑战就是研究方法的有效性问题。首先，问卷设计是否具有良好的效果；其次是自陈报告有效性问题，自陈报告会表现出一些缺陷，因为受访者具有主观性，他们可能遗忘了过去的行为，或者并不会准确地陈述过去的行为；最后，若使用问卷调查，也会出现“天花板效应”和“地板效应”。

（三）纵向综合评价的趋势

纵向综合评价的趋势主要有三个：认识大学生创新创业教育评价的特殊

---

① 储祖旺．高校学生事务管理质量与评估[M]．武汉：中国地质大学出版社，2017：255.

性、全面研究创新创业教育效果的评估标准和构建创新创业教育质量评价的指标体系。

1. 认识大学生创新创业教育评价的特殊性

计划行为理论认为人的行为受到性格、经验、教育、家庭、年龄等因素的影响，这些因素通过影响人的态度间接地影响人的行为。这就要求创新创业教育评价指标体系在建立的过程中必须从创新创业教育主体出发，考量其创新创业意识、创新创业精神和创新创业能力上的各种变化。计划行为理论在一定程度上可以测度从接受创新创业教育到真正产生创新创业行为的关系，这就为有针对性地设计兼顾长期与短期效果评价的评估方案提供了理论支持。

2. 全面研究创新创业教育效果的评估标准

创新创业教育能对学生产生多方面的影响。总体来看，创新创业教育会深刻地影响和改变受教育者关于创新创业的行为、技能和态度。利用计划行为理论可以通过科学有效的方式对上述三个方面进行全方位的教育评价。艾伦·吉布将创新创业教育划分为三种类型：一是“学习关于创新创业的知识”，二是“为了创新创业而学习”，三是“经由创新创业或在创新创业的过程中学习”。

学习体验是连接三种类型创新创业教育的桥梁和纽带，可以将“学习关于创新创业的知识”推动过渡到“为了创新创业而学习”的阶段，进而开始真正地“经由创新创业或在创新创业的过程中学习”。因此，要彻底改变单纯以学习成绩来评价教育效果的方式，根据创新创业人才培养目标，探索既包括学生创新创业参与率、成功率，也包括学生岗位创新；既包括数量统计，也包括质量评估的科学多样的评价标准体系。

3. 构建创新创业教育质量评价的指标体系

就学生个体而言，要注重个体的指向行为的态度、主观规范、直觉行为控制等计划行为理论中的三个核心要素。就课程教育建设而言，坚持以系统论思想为指导，进一步构建模块化评价指标体系，从而实现综合评价与单项评价功能的有机结合。尤其是在探讨创新创业教育质量评估方面，要注重专业教学质量评估、教学管理评估、学生学习状态与效果评估之间的结合，从而形成常态化评价机制。

参考文献

[1] 张强，廖成中 . 新时代高校创新创业教育理论与实践 [M]. 北京：科学出版社，2020.

[2] 李喆 . 地方高校创新创业教育研究 [M]. 济南：山东人民出版社，2020.

[3] 陈忠平，董芸 . 新形势下高校创新创业教育 [M]. 北京：冶金工业出版社，2019.

[4] 姚远，冉玉嘉 . 高校创新创业教育生态系统构建研究 —— 以“立德树人”为引领 [M]. 成都：四川大学出版社，2019.

[5] 刘晓莹，杨诗源 .“互联网 +”时代艺术类大学生创新创业基础教程 [M]. 厦门：厦门大学出版社，2019.

[6] 万生新，姬建锋 . 大学生创新创业教育 [M]. 西安：陕西人民出版社，2019.

[7] 陈审声 . 基于“互联网 +”视角下的大学生创新创业教育 [M]. 北京：冶金工业出版社，2019.

[8] 王冀宁，陈红喜 . 大学生创新创业教育案例集萃和实践指南 [M]. 北京：科学出版社，2020.

[9] 谭新华 . 大学生创新创业教育案例分析 [M]. 北京：国家行政学院出版社，2019.

[10] 于静荣 . 大学生创新创业教育与就业指导 [M]. 北京：北京交通大学出版社，2017.

[11] 郭志辉 . 大学生创新创业教育研究 [M]. 成都：电子科技大学出版社，2016.

[12] 张晓娟，李春琴 . 大学生创新创业教育研究 [M]. 北京：兵器工业出版社，2018.

[13] 邓文，张明洁 . 大学生创新创业实用教程 [M]. 武汉：华中科技大学出版社，2018.

[14] 谭永军，李德华 . 大学生创新创业故事 [M]. 北京：光明日报出版社，2018.

[15] 张成龙 .“设计 +”艺术类大学生创新创业人才培养模式及路径 [M]. 长春：东北师范大学出版社，2018.

[16] 杨日星 . 大学生创新创业人才培养研究 [M]. 北京：九州出版社，2020.

[17] 孟凡欣，黄学寿，吴丽艳 . 大学生创新创业与人才培养模式研究 [M]. 长春：东北师范大学出版社，2017.

[18] 屈振辉，夏新斌 . 大学生创业基础 [M]. 成都：电子科技大学出版社，2015.

[19] 方法林，孙爱民 . 基于“创新创业 +”的人才培养模式研究与实践 [M]. 北京：旅游教育出版社，2017.

[20] 陈倩，李凡，范军 . 大学生创新创业案例（第一辑）[M]. 北京：旅游教育出版社，2013.

[21] 李剑锋，张淑卿，赵玉红 . 大学生创新思维与案例分析 [M]. 北京：光明日报出版社，2017.

[22] 欧海鹰 . 大学生创新创业案例（第三辑）[M]. 天津：南开大学出版社，2017.

[23] 刘彤，王雪梅 . 大学生创新与创业 [M]. 成都：西南交通大学出版社，2017.

[24] 姚大伟 . 大学生创新创业意识培育研究 [D]. 南昌：东华理工大学，2017.

[25] 沈雯 . 互联网时代高校大学生创新创业能力培养的问题与对策研究 [D]. 南昌：南昌大学，2017.

[26] 张媚 . 个性化教育视角下大学生创新创业能力培养研究 [D]. 西安：长安大学，2016.

[27] 杜先颖 . 大学生创新创业精神培育研究 [D]. 天津：天津工业大学，2018.

[28] 盛红梅 . 新时代大学生创新创业价值观研究 [D]. 长春：东北师范大学，2020.